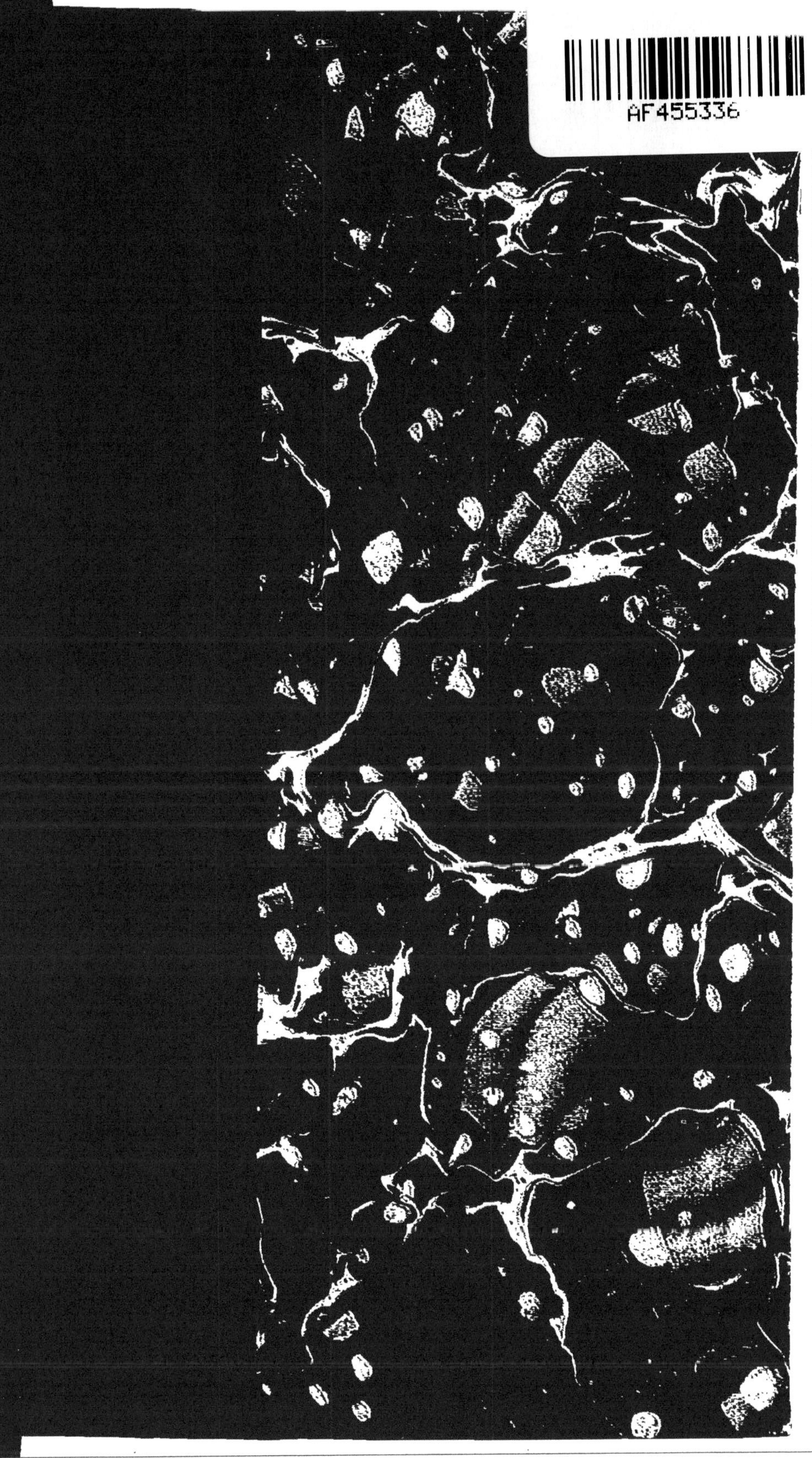

ROBERT 1984

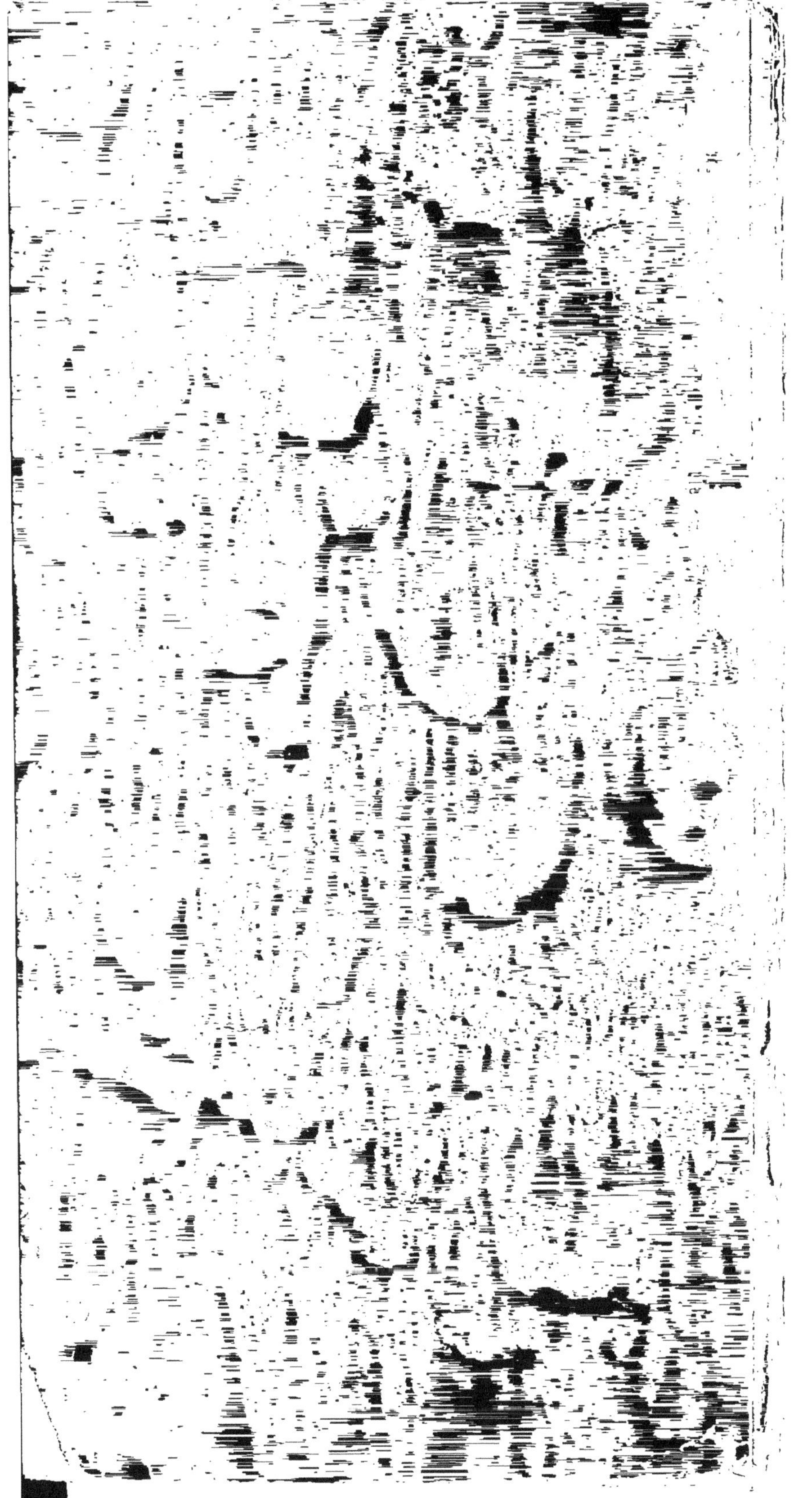

LES

VERS HOMONYMES,

SUIVIS

DES HOMOGRAPHES.

(Frieswinckel.)

LES

VERS HOMONYMES,

SUIVIS

DES HOMOGRAPHES;

OUVRAGE utile aux Etrangers et aux personnes qui veulent se perfectionner dans l'Orthographe française;

PAR M. FRÉVILLE,

Auteur des *Nouveaux Essais d'Education*, des *Enfans célèbres*, de la *Grammaire notée*; ex-Professeur de Belles-Lettres aux Ecoles Centrales, etc. etc.

> Une expression impropre ou déplacée apprête souvent à rire, et une faute d'orthographe déconcerte quelquefois la pudeur.

A PARIS,

Chez LE NORMANT, imprimeur-libraire, rue des Prêtres S. Germain-l'Auxer., n°. 42.

AN XII. — 1804.

AVIS *sur la Grammaire notée.*

On trouve aussi à la même adresse, et chez *Louis*, Libraire à Paris, rue de Savoie, la *Grammaire notée*, par M. Fréville. Prix : 1 fr. 25 c.

A l'aide de cette nouvelle méthode et de quelques démonstrations faites par l'auteur, une personne peut s'instruire par elle-même, et savoir parfaitement l'orthographe française.

N. B. Deux ou trois séances suffisent pour expliquer nos signes analytiques, et mettre au fait les personnes qui voudroient guider elles-mêmes les études grammeticales de leurs enfans, soit à la ville, soit à la campagne.

PRÉFACE.

L'ACCUEIL particulier que nombre d'instituteurs et de maîtres de langue firent à nos *Homonymes*, dès qu'ils parurent, m'a engagé à donner un nouveau degré d'utilité à cet ouvrage élémentaire ; et c'est dans cette intention que je le présente aujourd'hui en vers techniques.

L'éxpérience journalière nous démontre que les vers artificiels facilitent singulièrement l'étude des sciences en général. En effet ils rappellent, en peu de mots, beaucoup de faits et de principes.

Plus le sens est précis, et moins il nous échappe.

Or, nos *Homonymes* et nos *Ho-*

mographes rimés renferment ces avantages à tous égards :

1°. Par le moyen du nombre et de la mesure, ils aident la mémoire qui est un grand agent dans la nomenclature ;

2°. Les rimes doubles qui commencent et qui terminent chaque distique, fournissent aussi un double objet d'instruction littérale ;

3°. Les principaux accidens orthographiques se trouvant alignés et mis en regard, ils peuvent être saisis d'un coup d'œil, comme les comptes de Barême ; et ils offrent ainsi des espèces de jalons propres à guider sûrement les disciples dans un labyrinthe de sons uniformes, qui égarent sans cesse la plume par les piéges qu'ils tendent à l'oreille ;

4°. Réunis en tableaux, les vers *Homonymes* donnent par cela même un éveil continuel à l'esprit ;

ils stimulent l'attention, et forment le jugement par les distinctions que commande absolument l'écriture différente de tant de mots qui sonnent de même.

Afin d'attacher quelqu'attrait à une matière si aride de sa nature, j'ai semé çà et là plusieurs termes familiers ; car, on le sait, la jeunesse se prête d'autant plus volontiers aux leçons, que l'on sait mieux lui sourire et descendre à sa portée. Je demande donc, avec quelque fondement, un peu d'indulgence à cet égard, parce que je crois avoir compensé un instant de badinage par nombre de vers historiques, de belles sentences et de maximes, non moins propres à l'ornement de l'esprit qu'à l'importante culture des mœurs.

Je prie également certains Aristarques peu versés dans l'enseignement, de peser l'observation suivante : Mon sujet étant strictement fondé sur la lettre, j'ai dû m'y renfermer, et me rendre intelligible avant tout. Or donc, les périphrases initiales, l'usage même des articles et des pronoms m'étant interdit, il m'a bien fallu appeler un *chat un chat, et Rollet un fripon.*

Quoi qu'il en soit, j'ose espérer que ce nouvel ouvrage sera accueilli aussi favorablement que ma *Grammaire notée*. En effet, plusieurs savans célèbres, à la critique de qui je l'ai soumis avant l'impression, n'ont pas balancé de dire que mes vers *Homonymes étaient, quant à la lettre, ce que les Tropes de Dumarsais sont pour le sens du discours.*

Des Homographes.

Les grammairiens disent que les

Homonymes sont des mots qui se prononcent et s'écrivent de même. Cependant la majeure partie de notre ouvrage prouve qu'il y a des milliers d'*Homonymes*, soit simples, soit composés, qui s'écrivent différemment.

Le principe et la clarté de l'enseignement exigent donc que l'on établisse une distinction formelle entre ces deux espèces d'expressions. C'est pour cela que je range les *Hétérographes* dans la classe des *Homonymes* proprement dits; et j'ai cru devoir créer un terme particulier, c'est-à-dire celui d'*Homographe*, pour désigner les mots qui se ressemblent dans leur prosodie et par leur orthographe. Tels sont les vers suivans :

Souris qui voit le chat s'enfuit et court de peur ;
Souris de la beauté peut conquérir un cœur.

Des faux Homonymes.

C'EST le lieu de relever ici une erreur commune sur l'article que nous traitons. Les grammairiens, en général, ont rangé parmi les *Homonymes* une foule de mots dont le son et la prosodie diffèrent beaucoup. Tels sont les suivans, et une multitude d'autres:

Acre, plein d'âcreté.
Acre, mesure de terre.

Arras, ville d'Artois.
Aras, gros perroquet.

Ail, petit oignon.
Aille, du verbe Aller.

Mâcon, en Bourgogne.
Maçon, ouvrier.

Matin et soir.
Mâtin, gros dogue.

Pâte du pain.
Patte du chat, etc. etc.

{ *Paris* sur Seine.
{ *Pâris*, berger.

{ *Vénus* et l'Amour.
{ *Venus*, de venir, etc. etc.

D'une autre part, notre langue renferme certains *Homographes* dont on n'a encore fait nulle mention. Par exemple :

{ *Content*, satisfait.
{ *Content*-ils des fables ?

{ *Convient*-ils les pauvres ?
{ *Convient*-il de sa faute ?

{ *Différent*, tout changé.
{ *Différent*-ils d'opinion ?

{ *Fier*, orgueilleux.
{ *Fier*, se fier.

{ *Parent*, de la même famille.
{ *Parent*-ils la chapelle ?

{ *Président* d'un conseil.
{ *Président*-ils à l'assemblée ?

Il résulte de ces observations,

qu'il faudrait classer tous les *Homonymes* suivant leur espèce, et leur donner un nom analogue. En conséquence, je crois que l'on pourrait appeler :

1°. *Homonymes-Hétérographes*, ceux qui sonnent de même ou à peu de chose près, et qui varient dans leur orthographe, comme

Anoblir une personne.
Ennoblir un mot ou un don.

2°. *Homonymes-Homographes*, ceux dont le son et l'orthographe sont analogues. Exemple :

Autour, oiseau de proie.
Autour de la maison, etc. etc.

3°. *Pseud-Homonymes*, les mots dont le son et l'orthographe ont très-peu d'anologie, comme

Allaiter, nourrir.
Haleter, être essoufflé.
Beauté charmante.
Botté, avec des bottes.

4°. *Homographes-Hétéronymes*, ceux qui s'écrivent de même et qui diffèrent par le son, tel que

Négligent, paresseux.

Négligent-ils leurs devoirs, etc. etc. etc.

Livres qui m'ont servi à la composition des vers homonymes.

1°. Le Dictionnaire de l'Académie.

2°. Celui de M. Gattel, que l'on voudrait voir réimprimé selon l'orthographe de Voltaire.

3°. Celui de M. Catineau, qui renferme une foule de mots qu'on ne trouve point dans les ouvrages de ce genre.

4°. Les *Homonymes* de M. Hurtaut.

5° Le Vocabulaire grammatical de l'abbé Féraut.

6°. Les *Homonymes* historiques, géographiques et les *Homonymes* composés, qui n'étaient dans aucun ouvrage, nous ont été fournis par les fautes mêmes de nos élèves, et nous les devons à une longue expérience dans l'enseignement.

N. B. Les lettres qui sont à la fin de chaque vers indiquent les parties du discours, et l'on en trouvera la clef à la fin de cet ouvrage.

Par exemple : *Nm.* désigne un *Nom ; Ar* désigne un *Article ; Pr*, la *Préposition ; Vb ;* marque un *Verbe.* L'absence de point, marque un mot *invariable ;* un point seul désigne le *singulier;* deux points désignent le *pluriel ;* etc. etc. etc.

*Lettre à Madame ***, sur la manière la plus simple de perfectionner ses enfáns dans l'orthographe française.*

Vous me marquez, madame, que votre aimable et sage Léontine peint comme un ange, mais que sa mauvaise orthographe vous désole de jour en jour. Vous ajoutez même que son maître d'écriture ne sait plus à quel saint se vouer pour lui faire éviter les fautes absurdes qu'elle fait à chaque instant dans les moindres billets.

Vous le dirai-je, madame ? ce n'est pas votre enfant qu'il faut inculper à cet égard ; c'est vous-même. Je vous le demande ; est-il possible que celui qui enseigne, dans une seule heure, la lecture, les chiffres, le calcul et différentes sortes d'écriture, se charge en outre de la grammaire avec succès ? Cette science, non moins étendue qu'abstraite et difficile, demande un littérateur habile et des leçons toutes particulières.

A cette observation, il faut en joindre une autre qui est non moins fondée ; c'est que les traités sur la lettre, proprement dite, sont non moins fastidieux, que la manière de la montrer est communément barbare. Nous sommes même dans une telle pénurie sur cet article indispensable, que de fameux grammairiens, tels que *Restaut*, *Wailly*, etc., n'ont pas même cité le mot d'*Homonyme* dans leur méthode..

Cependant, madame, cette multitude de sons qui se prononcent d'une façon, et qui s'écrivent d'une autre, exigent bien plus d'attention encore que nos participes français. C'est pour cette raison que j'ai composé les vers *Homonymes*, qui, je pense, contribueront beaucoup à perfectionner les études grammaticales, soit dans l'éducation publique, soit dans la particulière.

Ne me bornant point à la *lettre* qui n'est que l'accessoire des connaissances humaines, j'ai essayé d'y réunir divers autres objets d'instructions qui rendront celle de l'orthographe plus variée et moins sèche. En effet le texte de nos vers roule tour-à-tour sur l'histoire sacrée et profane, sur la fable, la géographie, et le plus souvent sur la morale.

Ainsi donc, après avoir inspecté la partie orthographique des devoirs de son élève, un instituteur pourra utiliser doublement ses leçons, en faisant des remarques relatives aux différentes choses que nos *Homonymes* renferment; de cette manière la science vraîment ennuyeuse qui s'est bornée jusqu'à nos jours à des sons mécaniques, ou que l'on a noyée dans un fatras d'érudition, s'étendra désormais, avec beaucoup de précision, à l'intéressante culture de l'esprit et du cœur.

A présent, madame, il me reste à vous dire un mot sur les moyens que je crois les plus simples pour hâter les progrès de vos chers enfans. Dans l'enseignement en général, il importe sur-tout de procéder insensiblement et d'être clair : *Poco e spesso s'impie il cesto.* En conséquence de ce principe :

1°. Mademoiselle Léontine écrira tous les jours la moitié d'un verbe et trois ou quatre vers *Homonymes*.

2°. Vous prendrez le livre, et vous ferez écrire les mêmes vers sous votre dictée.

3°. Vous corrigerez les fautes, et vous ferez faire l'explication grammaticale des parties du discours.

4°. Votre élève mettra ensuite par écrit cette explication grammaticale, et elle notera ses vers avec les signes analytiques de ma grammaire notée.

Exemple.

Supposez, madame, que vous ayez dicté pour leçon les trois *Homonymes* suivans :

Comptant ses vieux écus, un vieil avare rit.
Contant une bêtise, un nigaud s'applaudit.
Content d'avoir bien fait, alors tout me sourit.

Sans avoir besoin d'entrer dans de longs détails, il vous suffira, madame, de faire les trois questions que voici :

1°. Ces *Homonymes* ont-ils la même orthographe ? — Non.

2°. Pourquoi n'ont-ils pas la même orthographe ? — Parce qu'ils renferment un sens différent.

3°. Quelle est la dénomination grammaticale de ces *Homonymes* ? — Les deux premiers mots sont deux *verbes*, au participe présent, qui est invariable, et le troisième est un *adjectif* singulier masculin, relatif au pronom personnel *moi*, sous-entendu.

Je puis vous assurer, madame, qu'après cinq à six mois d'exercices semblables, votre demoiselle concevra parfaitement la science qu'une longue routine lui a toujours offerte comme une énigme, et qu'elle n'écrira pas un mot sans raisonner et se mettre sur ses gardes.

N. B. Nos vers *Homonymes* peuvent également servir de leçons préparatoires à votre petit Théodore, puisqu'il commence à écrire passablement en fin. Mais jusqu'à ce qu'il ait atteint sa dixième année, contentez-vous, madame, de lui faire apprendre par cœur et copier ensuite trois ou quatre vers par jour. Lorsque son jugement sera plus formé, vous lui parlerez graduellement des règles de la grammaire que vous baserez sur les *Genres*, les *Nombres* et les *Temps*.

LES
VERS HOMONYMES.

A.

A celui qui n'a rien tout présente un abîme. . . . . *Pr*
A-t-on vu des fripons jouir de quelqu'estime ? . . . . . . *Vb.*
As-tu fait ton devoir ? c'est là le vrai bonheur. . . . . *Vb.*
Ah ! du luxe fuyons le charme corrupteur ! . . . . *In*
Ha ! * ha ! le voici donc notre petit menteur ! . . . . *In*

* Lorsque l'interjection *Ha* marque la surprise, ou quand elle sert à apostropher, l'*H* doit la précéder.

*Abaisse — abèce**.

Abaisse-toi, mon fils, et tu seras plus grand. . . . . *Vb.*
Abbesse de Munster est Dame d'un haut rang. . . . . *Nf.*

* Le second mot que l'on verra ainsi après le premier, est pour marquer la prononciation

Abois — aboá.

Aboi, le cri des chiens, est funeste
aux voleurs . . . . *Nm.*
Abois * du cerf mourant plaisent
bien aux chasseurs . . . . *Nm:*

* Quand il signifie être à l'extrémité, le mot *Abois* s'emploie toujours au nombre pluriel, et l'on dit : cet homme est *aux abois*.

Ache.

Ache est une herbe verte; on dit :
c'est vert comme ache . . . . . *Nf.*
Hache * est un instrument pour le
bois que je hache . . . . *Nf.*

* La première *h* de ce mot est aspirée.

Accord — akor.

Accord entre les sœurs, rien n'est
plus admirable . . . . *Nm.*
Accort *, doux et gentil, on est
bien plus aimable . . . . *A2.*

* Ce mot ne s'emploie que dans le style familier, pour désigner une personne complaisante, et qui s'accommode à l'humeur des autres.

A — côté.

A côté d'un filou serrez votre pourpoint . . . . *Pr*
Accotté * fortement, vous ne tomberez point . . . . *A2.*

* Plusieurs grammairiens écrivent le mot *accotté* sans doubler le *c* et le *t*; *acoté* : dans ce cas la prosodie exigerait l'accent circonflexe, *acôté*, car c'est ainsi que l'on prononce ce mot.

Accueil — akeuil.

Accueil nous plaît d'abord, quand il est gracieux . . . . *Nm.*
Accueille le talent ; fuis les sots ennuyeux . . . . *Vb.*

A — Dieu.

A Dieu * donne ton cœur, c'est ton souverain maître . . . . . *Hm.*
Adieu, mes bons amis ; ah ! je vais cesser d'être ! . . . . *Ad*
Adieux est au pluriel ; fi ! des adieux d'un traître ! . . . . *Nm* :

* Le premier *A Dieu* est un Homonyme composé de la préposition *A* et du nom mas-

culin *Dieu ;* le second Homonyme est une interjection fort commune en Gascogne, où l'on dit également *Adieu*, en se voyant et en se quittant ; et le troisième *Adieux* est purement nom masculin, au nombre pluriel.

Cette analyse des parties du discours, est très-importante dans les études grammaticales ; aussi l'ai-je marquée à la fin de chaque vers.

A-demi — admi.

A-demi * n'est pas tout, ce n'est que la moitié . . . . *Ad*
Admis chez tous les grands, connaît-on l'amitié ? . . . . *Pe.*

* Dans la conversation, le mot *A-demi* ne fait entendre que deux syllabes.

A qui — aki.

A qui parlez-vous donc ? eh vous perdez l'esprit ! . . . . *Hpn.*
Acquis honnêtement, les biens font grand profit . . . . *Pe:*
Acquit d'un bon billet au dos doit être inscrit . . . . *Nm.*

A faire — Fère.

A faire des heureux qu'il est doux de songer !............. *Hø*

Affaires qu'on commence, il faut les arranger............... *Nf:*

Agar.

Agar, près de Sara, se rendit haïssable................ *Nf.*

Hagard, farouche et dur, un homme est détestable.... *A2.*

Ai — é.

Ai-je un seul jour de paix? toujours on me querelle!... *Vb.*

Eh * ! qui n'a pas pleuré quelque perte cruelle?........... *In*

Et ** sert à joindre ensemble et Cromwel et Rienzi...... *Cn*

Hé bien ! réussit-on sans soin, sans nul souci ?............. *In*

* *Eh* suivi de l'*h*, désigne la douleur ou le plaisir ; mais quand l'*h* précède cette interjection, elle marque l'étonnement, ou bien elle sert à apostropher.

** Le *t* de la conjonction *et* ne se prononce que dans *et-cetera.*

Aie — è.

Aie un peu de sang-froid et résiste à l'orage . . . . *Vb.*

Ait, verbe au conjonctif ; que l'homme ait du courage . . *Vb.*

Ais, planchette légère, est bon à maint ouvrage. . . . . . *Nm.*

Es-tu mal aujourd'hui ? demain tu seras mieux. . . . . . . *Vb.*

Est-il pire coquin qu'un grand ambitieux ? . . , ... *Vb.*

Haie ou buisson piquant, est un mur épineux. . . . . *Nf.*

Hais sur-tout les ingrats, leur espèce est maudite. . . . . . *Vb.*

Hè *! hè ! sus ! au voleur ! allez, courez donc vîte ! . . . . . *In*

* Lorsqu'on élève fortement la voix pour appeler, l'interjection *Hé* prend l'accent grave, *Holà ! Hè !*

Aïe.

Aïe ! vous me blessez, criait Délicaton ! . . . . *In*

Ail d'une odeur très-forte, est un petit oignon. . . . . *Nm.*

Aile — èle.

Aile ou cuisse, n'importe; oh! j'ai bon appétit. . . . . *Nſ.*

Elle est belle, Nina; toujours elle sourit. . . . . *Pr.*

Haile * vient de *hailer*, appeler à grands cris. . . . . *Vb.*

* M. Gattel écrit *Hailer*, et l'on doit prononcer *Hèler* par analogie au cri que l'on fait en appelant *Holà! Hè!* . . .

Aimer — émé.

Aimer, pour être aimé, c'est mon vœu, je l'avoue . . . . . . *Vb*

Aimez qu'on vous conseille, et non pas qu'on vous loue . . . . *Vb:*

Aimai-je jamais mieux que quand j'étais enfant? . . . . . . *Vb.*

Aimé, chéri de tous, quel sort est plus charmant? . . . . . . *Pe.*

Aimée, ô fille aimée! instruis-toi, sois aimable . . . . *Pe.*

Aimés, dignes de l'être, ah! quel coup nous accable! . . . . *Pe:*

Aine — ène.

Aine, auprès de la cuisse, enfle par la descente. . . . . *Nf.*

Aisne, auprès de Compiègne, a son eau transparente. . . . *Nf.*

*Haine** d'un cœur haineux est bien avilissante . . . . *Nf.*

* L'*h* du mot Haine est aspirée, et l'on prononce la *Haine*; on dit l'*Aisne* en parlant de cette rivière qui se jette dans l'Oise, au-dessous de Compiègne.

Aîné — éné.

Aîné, bien plus âgé, fait-on une sottise? . . . . *A2.*

Enée, en se sauvant, porta son père Anchise . . . . *Nm.*

Air — èr.

Air affable et riant vaut mieux qu'un air chagrin . . . . . *Nm.*

Aire... est un terrain plat où l'on bat le bon grain. . . . . *Nf.*

Ère, époque historique, indique les années. . . . . *Nf.*

Erre au milieu des champs, et suis tes destinées . . . . *Vb.*

*Haire** de crin qui pique est pour un pénitent .... *Nf.*
Hère est le malheureux sans pain et tout souffrant .... *Nm.*

* L'h s'aspire dans ce mot, et l'on dit : la *Haire* et le Cilice ; on dit également un pauvre *Hère* en aspirant l'H.

Aix — èce.

Aix, au Sud d'Avignon, est fameux en Provence .... *Nm.*
Est-ce en la maltraitant qu'on instruit bien l'enfance ? ..... *Hpn.*

Agate.

Agate herborisée est une pierre fine .... *Nf.*
Agathe est bien aimable, elle rit et badine .... *Nf.*

A laine — alène.

A laine se dit bien d'un mouton, d'un bélier . . . . *Hf.*
Alène est un outil qui sert au cordonnier. . . . . *Nf.*
Haleine de la bouche, ou le vent printanier. . . . . *Nf.*

Alèthe — Alète.

Alèthe est un oiseau qui court sur les perdrix. . . . . *Nm.*
Alette, ou petite aile, augmente mon logis. . . . . *Nf.*

Aller — Alé.

Aller, marcher au but, c'est suivre son chemin. . . . . *Vb*
Allez, monsieur, allez, vous êtes un coquin! . . . . *In*
Allée où chacun va, peut conduire au jardin. . . . . *Nf.*

Alicante — kante.

Alicante en Espagne, a du vin excellent . . . . *Nf.*
Aliquante * est un mot qu'on emploie en comptant . . . . . *A2.*

* Plusieurs grammairiens modernes prononcent *Alikante*, par analogie aux mots *Quantième*, *Quantité*, *Quand*, etc., etc., etc.

Aman.

Aman, pour ses forfaits, chez les Juifs fut pendu . . . . . . *Nm.*

Amant

Amant qui cherche à plaire, est soumis, assidu . . . . *Nm.*

Amande.

Amande de praline est fort douce à croquer. . . . . *Nf.*

Amende qu'on m'impose est bien dure à payer. . . . . *Nf.*

Amen — Amène.

Amen est de l'hébreu qui veut dire la fin . . . . *Ad*

Amène ton ami ; ton ami c'est le mien . . . . *Vb.*

Améric.

Améric fut jadis navigateur habile. *Nm.*

Amérique en bon sucre est un pays fertile. . . . . *Nf.*

Ami.

A mi-jambes dans l'eau j'y vais fort aisément. . . . .*Had*

Amict qui couvre un prêtre est un saint vêtement . . . . *Nm.*

Ami qui rend service, est bien le véritable . . . . *Nm.*

Amie, épouse et mère, ah! la femme adorable ! . . . . *Nf.*

A mis forme deux mots ; la fille a mis la table . . . . *Hv.*

Amour.

Amour, armé de traits, c'est Cupidon lui-même. . . , ... *Nm.*

Amours, chères amours, se dit de ce qu'on aime . . . . *Nf.*

* Quand il signifie une personne ou une chose chérie, le mot *Amours* s'écrit au pluriel féminin.

L'étude fit toujours
Mes plus chères amours.

Anche.

Anche, ou tuyau sert bien pour jouer du basson . . . . *Nf.*

Hanche * où je vois le poing, m'annonce un polisson . . . . . *Nf.*

L'*H* est aspirée et l'on dit la *Hanche*.

Ancre — ankre.

Ancre d'un poids énorme, en mer fixe un navire . . . . *Nf.*

Encre dans mon cornet, me sert
bien pour écrire . . . . . . *Nf.*

An.

An et ses douze mois me poussent
dans la tombe . . . . *Nm.*
En voulant fuir Scylla, dans Carybde
je tombe . . . . *Pr*

Ane — âne.

Ane n'a pas un chant des plus mé-
lodieux . . . . *Nm.*
Anne dans mainte histoire est un
nom glorieux. . . . . *Nf.*

Anoblir.

Anoblir, avec l'*A*, s'entend de la
personne . . . . *Vb*
Ennoblir prend un *E*, pour la chose
qu'on donne . . . . *Vb*

Anon — ânon.

Anon d'un petit sot nous rappelle
le nom . . . . *Nm.*
Ah non! c'est mal parler; il vaut
mieux dire : Oh non! . . . . *Hcn*

Antée.

Antée et Géryon furent d'affreux
brigands. . . . . *Nm.*

Entez l'arbre, et ses fruits deviendront succulens.......... *Vb*:

Hantez sur-tout, mon fils, tous les honnêtes gens............ *Vb*:

Antre.

Antre, caverne sombre, est propice aux brigands............ *Nm.*

Entre, repose-toi; demeure ici céans. *Vb.*

Anvers — anvèr.

Anvers, aux Pays-Bas, est aux bords de l'Escaut.............. *Nm.*

Envers se dit du drap; c'est le côté moins beau.............. *Nm.*

En vers il faut savoir écrire ainsi qu'en prose.............. *Hm*:

En vert ma salle est peinte, et mon salon en rose............ *Hm.*

Août — oû.

Août qui mûrit les bleds, du pauvre est le bon temps............ *Nm.*

Houe * à nos vignerons sert beaucoup au printemps......... *Nm.*

* Le *Houe*, instrument du vigneron, et le *Houx*, petit arbrisseau, ont leur *H* aspirée.

Houx, arbre toujours vert, est armé de piquans . . . . *Nm.*

Où la guèpe a passé le moucheron s'arrête . . . . *Ad*

On te donne le choix; prends la queue ou la tête. . . . . *Cn*

Appas — apa.

Appas d'une coquette ont toujours mille apprêts . . . . *Nm:*

Appât, pour te gober, les goujons sont tout prêts . . . . *Nm:*

A pas lents et comptés on n'arrive jamais . . . . *Hm:*

Apelle — apèl.

Apelle peignit bien un fameux conquérant . . . . *Nm.*

Applle à ton secours, dans un danger pressant . . . . *Vb.*

Appellent-ils ? cours donc; sois toujours bienfaisant . . . . . . *Vb:*

A prendre.

A prendre nos écus plus d'un coquin s'applique . . . . *Hv.*

Apprendre une leçon, c'est fort pour la bourrique . . . . *Vb*

Après — apré.

Après tous ces filous, courez ; qu'on les arrête . . . . *Pr*

Apprêts sont très-pompeux pour une grande fête . . . . *Nm.*

Appris — apri.

*Appris**, bien élevé, l'enfant sait mieux nous plaire . . . . *Pe.*

A pris est au parfait ; on a pris mon salaire . . . . *Hv.*

A prix fixe on doit vendre et ne jamais surfaire . . . . *Hm.*

* L'enfant honnête et poli est un enfant bien élevé, *bien appris.*

Arang — aran.

Arang, chez l'imprimeur, muse et n'avance guère . . . . *Nm.*

Hareng saur, pour dîner, est une maigre chère . . . . *Nm.*

Aras. — ara.

Aras, gros perroquet, parle grec et latin . . . . *Nm.*

Haras, pour la jument, loge aussi le poulain . . . . *Nm.*

Arc — arke.

Arc ne va point sans traits; cette arme est fort ancienne . . . . *Nm.*
Arques * vit fuir jadis le gros duc de Mayenne . . . . *Nf.*

* *Arques*, ville et rivière près de Dieppe.

Are — ar.

Are, quant au terrain, se prend pour la mesure . . . . *Nm.*
Arrhes, deniers qu'on donne, afin que l'on s'assure . . . . *Nf.*
Art de faire une chose à différens moyens . . . . *Nm.*
Arts, au nombre pluriel, enchantent les humains . . . . *Nm.*
Hart * ou corde pour pendre, est fatale aux coquins . . . . *Nf.*

* On dit : Cet homme sent la *Hart*, il mériterait d'être pendu.

Arrêt — arè.

Arrêt d'un criminel provient d'un tribunal . . . . *Nm.*

Arrêts *, c'est la prison pour ceux qui font du mal . . . . *Nm:*

* Quand il signifie une prison, le mot *Arrêts* s'écrit au pluriel. *Exemple :* mettez ce polisson aux *arrêts*.

Arête.

Arête de poisson pourrait bien m'étrangler . . . . *Nf.*

Arrête le coquin; il vient de nous voler . . . . *Vb.*

Asservi — acervi.

Asservi, trop contraint, il va désobéir . . . . *Pe.*

A servi * bien ou mal, vient du verbe servir . . . . *Hv*

* Récompensez celui qui vous a bien servi.

Assiette — aciète.

Assiette d'un château sur un roc est plus stable . . . . *Nf.*

Assiettes et cuillers sont fort bien sur la table. . . . . *Nf:*

A sortir — çortir.

A sortir pour rentrer; nous avons à sortir . . . . *Hv*

Assortir des rubans, c'est les prendre
et choisir . . . . *Vb.*

A tant — a-tan.

A tant juste, par aune, un bon marchand doit vendre . . . . *Had*

A temps il faut partir; à temps il faut
se rendre . . . . *Ad*

Attends jusqu'à la fin, et ne fais
pas attendre . . . . *Vb.*

Até.

Até trouble l'esprit; du mal c'est la
déesse . . . . *Nf.*

Athée, homme sans Dieu, se moque
de la messe. . . . . *Nm.*

Hâtez-vous; profitez du temps de la
jeunesse . . . . *Vb.*

A-t-elle — atel.

A-t-elle lu, Ninon? qu'elle écrive
à présent . . . . *Hpn.*

Atelle les chevaux, et parts pour
l'Orient . . . . *Vb.*

Attends donc.

*Attends donc**, dans l'instant le gâteau sort du four . . . . *Hcn*

* Le *c* du mot *donc* ne sonne que quand il commence la

phrase, ou quand il est suivi d'une voyelle, et l'on dit : Venez *don*, sans faire entendre le *c*.

Attendons, mes amis, chacun aura son tour . . . . *Vb*.

Au lieu.

Au lieu qui nous vit naître il est doux de rester . . . . *Hm*.

Au-lieu d'être en courroux, tâchez de plaisanter. . . . . *Pr*

Autan — ôtan.

Autan, vent du Midi, produit plus d'un orage . . . . *Nm*.

Autant périr enfin que d'être en esclavage . . . . *Ad*

Au temps de la vendange on danse, on est joyeux . . . . *Hm*.

O temps de l'âge d'or, que vous étiez heureux ! . . . . *Hm*.

Autel — ôtel.

Autel est un lieu saint où le prêtre dit messe. . . . . *Nm*.

Hôtel des grands seigneurs annonçait la richesse. . . . . *Nm*.

Auteur-ôteur.

Auteur ingénieux, variez vos écrits. . . . . *Nm.*
*Hauteur**, fierté, dédains, révoltent les esprits. . . . . *Nf.*

* L'*h* est aspirée dans ce mot, et l'on dit la hauteur.

Autour.

Autour est un oiseau très-docile au chasseur. . . . . *Nm.*
Autour on peut tourner, sans être un grand tourneur. . . . . *Hm.*
O Tours! qui n'aimerait ton séjour enchanteur? . . . . *Nm.*

Au — ô.

Au déclin des beaux jours les ris vont déserter. . . . . *Ar.*
Aux dépens du bon sens gardez de plaisanter. . . . . *Ar:*
Aulx est le pluriel d'ail qui va vous empester. . . . . *Nm:*
Eau qui nous désaltère est meilleure limpide. . . . . *Nf.*
Haut comme un mirmidon, il se croit un Alcide. . . . . *Aa.*

Ho ho ! te voici donc avec tes beaux atours ! . . . . *In*

Oh ! quels temps sont ceux-ci ? que faire sans secours ? . . . . *In*

O temps des Ris heureux ! tu ne fais que paraître ! . . . . . *In*

Os * que je donne au chien fait plaisir à son maître. . . . *Nm.*

* L'*s* du mot *os* ne sonne sensiblement qu'à la fin de la phrase : Jetez lui donc un *os* (oze).

Auspice — ocepice.

Auspice est dit d'un signe heureux ou malheureux. . . . . . . *Nm.*

Hospice * où l'on guérit a des pauvres honteux. . . . . . *Nm.*

* L'*h* d'hospice n'est pas aspirée, et l'on dit entrer à l'hospice.

Auvent — ôvan.

Auvent ou petit toit abrite ma boutique. . . . . *Nm.*

Au vent glacé du Nord comme le froid vous pique ! . . . . *Hm.*

O vents chauds et brûlans de la mer Pacifique ! . . . . *Hm.*

Aval.

Aval, terme de banque, assure
mon billet............... *Nm.*

Avale-t-on un bœuf comme un
grain de millet?......... *Vb.*

Avant — avan.

Avant de prononcer, jugez avec
sagesse.................. *Pr*

Avent, temps de Noël, fait courir
à la messe............... *Nm.*

A vent, moulin à vent tourne et
vire sans cesse.......... *Hm.*

Avenir.

Avenir incertain m'afflige et me
tourmente................ *Nm*

A venir, qui viendra, prolonge
mon attente.............. *Hv*

A vide

A vide un courrier part, et jamais
il n'attend.............. *Ad*

Avide et si glouton, on meurt
comme un gourmand.... *Az.*

A voir — avâir.

A voir cette pimbêche, on la
croirait princesse!...... *Hv*

Avoir et ne rien rendre, est ce qu'on veut sans cesse........... *Vb*

Avoué.

Avoué, c'est l'avocat plaidant pour mes affaires............ *Nm.*

Avouez donc tous vos torts, et soyez plus sincères........... *Vb:*

B

Bacchanal — bakanal.

Bacchanal * est un bruit où l'on ne s'entend plus........ *Nm.*

Bacchanales, débauche, ou fêtes de Bacchus............. *Nf:*

* Le mot *Bacchanal* signifiant un grand bruit, peut s'écrire sans *e*, et il est masculin; les *Bacchanales*, ou les orgies de Bacchus sont du genre féminin, du nombre pluriel, et prennent nécessairement un *e* final.

Bacinet — baciné.

Bacinet, une fleur, plante à légère écorce............... *Nm.*

Bassinait-on le lit du malade sans force?............... *Vb.*

Bassinet d'arme à ſeu renſerme bien l'amorce............ *Nm.*

Bah! — bâ.

Bah! marque la bêtise ou bien l'étonnement............ *In*

Bas se dit bien du pouls qui perd son mouvement.......... *A2.*

Bât, qui sert à bâter, convient à plus d'un âne............ *Nm.*

Bats * plutôt ton tambour, que cette pauvre Jeanne..... *Vb.*

* L'*a* de ce dernier Homonyme est bref.

Bai — bè.

Bai, couleur du cheval ou bien d'une jument............ *A2.*

Baie où vont les vaisseaux, les abrite du vent............ *Nf.*

Bey, chef ou gouverneur, est un Turc fort puissant....... *Nm.*

Bayle — bél.

Bayle, savant auteur, fit un dictionnaire............... *Nm.*

Bêle comme l'agneau qui tète et suit sa mère.......... *Vb.*

Bal.

Bal dansant plaît aux fous ; bal paré plait aux belles..... *Nm.*
Balle de plomb fondu fait sauter les cervelles............. *Nf.*

Balai — balé.

Balai, pour balayer, sert à ma ménagère................. *Nm.*
Balais, très-beau rubis, vient de terre étrangère.......... *Nm.*
Ballet où chacun danse, excite la gaîté................. *Nm.*
Bats-les, ces vilains chats, pour leur méchanceté........ *Hpn.*

Ban.

Ban, qu'un prêtre publie, est pour le mariage......... *Nm.*
Banc, qui sert à s'asseoir, est fort bien sous l'ombrage..... *Nm.*

Bar-bâr.

Bar, duché de Lorraine, eut un roi vertueux *........... *Nm.*
Bard, civière à brancards, porte les malheureux.............. *Nm.*

Barre de fer qu'on forge a bien plus d'un usage. . . . . *Nf.*

Barrent-ils le chemin ? qu'ils nous livrent passage. . . . . *Vb:*

* *Stanislas*, surnommé le *Bienfaisant*, fut roi de Pologne et duc de Lorraine.

Basilic-bazilike.

Basilic, une plante, ou serpent fabuleux. . . . . *Nm.*

Basilique se dit d'un temple somptueux. . . . . *Nf.*

Baud-bô.

Baud, espèce de chien, chasse bien les perdreaux. . . . . *Nm.*

Baux, est pluriel de bail ; renouvellons les baux. . . . . *Nm:*

Beau garçon, s'il est sage et s'il sait bien écrire. *A2:*

Bot, dans les mer du Nord, est un très-gros navire. . . . . *Nm.*

Beau dais-Bô dè.

Beau dais, tout couvert d'or, orne bien une église. . . . . *Hm.*

Baudet, âne, ignorant, figure la bêtise . . . . *Nm.*

Bel-bèl.

Bel objet qu'on annonce, il faut bien qu'il se montre . . . . . . *A2.*

Belle et bonne est bien rare; heureux qui la rencontre! . . . *Nf.*

Bergerie-bergeri.

Bergerie et berger sont mieux loin de nos villes . . . . *Nf.*

Bergeries * de Racan contiennent ses idylles . . . . *Nf*

* Signifiant des poésies pastorales; le mot *Bergeries* se dit au pluriel, et la faute de quantité de ce vers était inévitable.

Beurré-beûré.

Beurré, sorte de poire, est superbe et fondant . . . . *Nm.*

Beurrée, avec du beurre, est pour monsieur Friand . . . . *Nf.*

Beurrez un peu le pain de mon petit enfant . . . . *Vb.*

Bien.

Bien! bravo! mon ami; toujours il faut bien faire . . . . *Aa*

Biens. Au nombre pluriel, sont biens meilleurs en terre... *Nm:*

Bienfait-bienfé.

Bienfait, humanité, convient aux grandes âmes............ *Nm.*

Bien fait, dispos, aimable, on plaît bien mieux aux dames...

Bière.

Bière où l'on met les morts fait un triste manteau.......... *Nf.*

Bierre * double de Mars trouble aussi le cerveau.........*Nf.*

* Le mot *bierre* que l'on boit s'écrit aussi avec une seule *r.*

Billion.

Billion d'écus d'or forme une somme immense........ *Nm.*

Billon de bas aloi se fabriquait en France................ *Nm.*

Bis-bize.

Bis est pour répéter; il veut dire deux fois............... *Ad*

Bise, ou le vent du Nord, fait souffler dans les doigts.... *Nf.*

Boileau-boâlô.

Boileau, rival d'Horace, est un grand écrivain . . . . *Nm.*

Bois l'eau, si tu le veux ; moi, je boirai le vin . . . . *Hf.*

Boite.

Boite vient de boiter ; mon cheval boite encore . . . . *Vb.*

Boîte pleine de maux, est celle de Pandore . . . . *Nf.*

Bonace.

Bonace sur les mers, est cause qu'on s'arrête . . . . *Nf.*

Bonasse est l'homme bon, si bon qu'il en est bête . . . . *A2.*

Bon !

Bon ! j'ai gagné cent fois plus que je n'avais mis . . . . *In*

Bond leger d'une balle est prompt sur le tamis . . . . *Nm.*

Bons comptes, de tout temps, firent les bons amis . . . . *A2.*

Bonheur-boneur.

Bonheur est loin des sots, mais il suit l'homme sage . . . . *Nm.*

Bonne heure à la pendule avance mon ouvrage . . . . *Hf.*

Bon jour.

Bon jour, formant deux mots, m'exprime un heureux jour . . . *Hm.*

Bonjour, mon cher ami ; bon soir donc, ô m'amour* ! . . . . . *Nf.*

* *M'amour*, terme de caresse, se dit par abréviation pour *mon amour*, et il est féminin.

Bonn — bone.

Bonn, ville d'Allemagne, est au nord de Mayence . . . . *Nm.*

Bonne d'enfant, ayez beaucoup de complaisance . . . . *Nf.*

Bonté.

Bonté, par excellence, est le cœur d'une mère . . . . *Nf.*

Bon thé, que je bois chaud, coule de ma théïère . . . . *Hm.*

Bot — botte.

Bot, un pied contrefait, va toujours de côté . . . . *A2.*

Bottes de maroquin plaisaient au chat botté . . . . *Nf.*

Boucher — bouché.

Bouchée, un peu de pain, se demande souvent........ Nf.

Boucher qui tue un bœuf, le dépèce et le vend.......... Nm.

Bouchez bien le saloir, car il prendrait l'évent............ Vb.

Boue — bou.

Boue épaisse, en hiver, se rencontre partout............... Nf.

Bous donc, nanan friand.... ah! comme il a bon goût!.... Vb.

Bout s'entend de la fin; on voit le petit bout.............. Nm.

Bouilli.

Bouilli qui sort du pot, compose ma cuisine............. Nm.

Bouillie et le gratin ne vont point sans farine............. Nf.

Brie — bri.

Brie, où coule la Marne, a le meilleur fromage........... Nf.

Bris, débris d'un vaisseau, me sauvent du naufrage......... Nm.

Brigand — brigan.

Brigand qui détruit tout, nous rappelle Attila.......... *Nm.*

Briguant de hauts emplois, souvent on reste là.............. *Pe*

Brocard — brokar.

Brocard ou raillerie est un mot très-piquant........... *Nm.*

Brocart d'or et de soie est un tissu brillant............... *Nm.*

Brochait-broché.

Brochait-on une étoffe ou bien un nouveau livre?.......... *Vb.*

Brochet, dans un étang, dévore tout pour vivre.......... *Nm.*

Brusc — bruske.

Brusc, petit arbrisseau, se tient vert en tout temps....... *Nm.*

Brusque, incivil et dur, on révolte les gens.............. *A2.*

Brusquent-ils tout de même? Ah! qu'ils sont imprudens!... *Vb:*

Brut — brutte.

Brut, ignorant et sot, c'est l'homme sans culture............ *A2:*

Brute est un animal dans l'état de nature . . . . *Nf.*

Bu.

Bu, parlant du bon vin, ne reste plus à boire. . . . . *Pe.*

Bus-tu le petit coup, en contant ton histoire? . . . . *Vb.*

Bût est à l'imparfait de boire, pour trinquer . . . . *Vb.*

But auquel chacun vise, est facile à manquer . . . . *Nm.*

C.

Ça !

Ça ! * viens que je t'embrasse! ah! le service insigne! . . . . *In*

Sa ruse a tout perdu, cet hypocrite indigne! . . . . *Pn.*

* C'a été, pour *cela* a été, se dit bien dans le style familier.

Cachait — kaché.

Cachait-il sa pensée? il faisait prudemment . . . . *Vb.*

Cachet, pour mon courrier, me sert à tout moment . . . . . . *Nm.*

Cadi

Cadi — kâdi.

Cadi, magistrat turc, juge bien des délits .... *Nm.*

Cadis, tissu de laine, se vendait à bas prix .... *Nm.*

Cadre — kâdre.

Cadre doré convient au tableau de valeur .... *Nm.*

Quadre-t-on avec ceux qui montrent de l'humeur ? ...... *Vb.*

Caen — kan.

Caen, ville en Normandie, a vu naître Malherbe .... *Nm.*

Camp rempli de soldats, est fort souvent sur l'herbe...... *Nm.*

Kan de la Tartarie, est un chef commandant .... *Nm.*

Quand fera-t-on la paix? le peuple souffre tant! .... *Ad*

Quant au froid, près du feu, moi, je ne le crains guère ...... *Pr*

Qu'en dit-on maintenant de cette horrible guerre? .... *Hpr*

Cahier — kahyé.

Cahier où l'on écrit renferme plus d'un trait .... *Nm.*

Caillé par la chaleur se dit sur-tout du lait................ *A2.*

Cahot — kao.

Cahot qui fait tomber est fréquent sur la route............. *Nm.*

Chaos, confusion, c'est où l'on ne voit goutte.............. *Nm.*

Caisse — kèce.

Caisse pleine de sucre arrive au bon marchand.............. *Nf.*

Qu'est-ce donc ? dites-moi. Dieu ! quel bruit l'on entend !... *Hv.*

Cal — kal.

Cal aux pieds, durillon, vient de la mal-propreté......... *Nm.*

Cale de bois très-mince a son utilité.................... *Nf.*

Calent-ils, les Anglais, avec dextérité ?................. *Vb.*

Canaux — kanô.

Canaux, ou longs conduits, des eaux sont le passage........... *Nm.*

Canot, arbre creusé, sur l'eau sert au sauvage............. *Nm.*

Cane — kane.

Cane, oiseau très-poltron, se plaît
à patauger.............. *Nf.*

Canne à sucre, en trois ans peut
fort bien rapporter....... *Nf.*

Cannes vit autrefois des flots de
sang couler............. *Nf.*

Cap — kappe.

Cap de Bonne-Espérance est au
bout de l'Afrique........ *Nm.*

Cape est un vêtement contre le froid
qui pique............... *Nf.*

Capre — kâpre.

Capre, vaisseau corsaire, a sa part
du butin................ *Nm.*

Câpre, petit fruit vert, se cueille en
mon jardin............. *Nf.*

Car — kar.

Car tu n'es qu'un nigaud, malgré
tout ton caquet.......... *Cn*

Carre-toi donc, faquin, avec ton
grand plumet........... *Ve.*

Quart ou tiers d'un gâteau, c'est
fort bon, mon compère... *Nm.*

Qu'art; tout n'est qu'art et ruse, en paix ainsi qu'en guerre... *Hm.*

Caracol — karakol.

Caracol, en détours, se dit d'un escalier .... *Nm.*

Caracole, à cheval, veut un bon écuyer .... *Nf.*

Caracolent-ils bien, ces jeunes cavaliers? .... *Ve:*

Cardeur — kardeur.

Cardeur est mieux à l'air pour battre un matelas................ *Nm.*

Quart d'heure de leçon, cela ne suffit pas .... *Hf.*

Carentan — karantan.

Carentan est, je crois, en Basse-Normandie .... *Nm.*

Quarante ans !... à cet âge il faut penser, Lesbie .... *Hm:*

Car, quoi.

Car, quoi ! * rien d'assuré, dit le bon Lafontaine .... *Hm*

* Fable du *Chien* et du *Loup*, liv. I.

Carquois, que l'Amour porte, est en ſorme de gaîne....... *Nm.*

Carte — karte.

Carte géographique instruit le pélerin................... *Nf.*
Quarte, terme d'escrime, ou deux pintes de vin........... *Nf.*

Cartier—kartié.

Cartier, ſabrique ou vend des cartes, des cartons......... *Nm.*
Quartier, en pleine foire, a bien des mirlitons........... *Nm.*

Caux—kô.

Caux où sont les Cauchois, produit en abondance...... *Nm.*
*Coqs** sont des oiseaux fiers et pleins de vigilance.............. *Nm.*

* Dites un *coque* au singulier, et des *cô* au pluriel.

Ce.

Ce que tu crains pour toi, ne me le fais donc pas............ *Pn.*
Se tire-t-on d'affaire en plaignant tous ses pas?........... *Pn.*

Céans — céan.

Séant, c'est ce qui sied sur-tout aux jeunes gens.......... *A2.*

Céans, ici-dedans; logez ici-céans. *Ad*

Ceignez — Cégné.

Ceignez le diadême ou le bandeau royal.................... *Vb:*

Saignée à l'un des bras, prévient souvent un mal.......... *Nf.*

Saigner du nez s'entend de perdre contenance.......... *Vb*

Saignez bien rarement, saignez avec prudence........... *Vb:*

Ceint — cein.

Ceint, entouré de murs, que craint-on dans la ville?......... *Pe.*

Cinq personnes de sens, où les trouver dans mille?.......... *A2.*

Sain, qui se porte bien, se tire d'embarras.............. *A2.*

Saint Roch avait un chien qui mourut en ses bras........... *A2.*

Seing, au bas d'un billet n'est pas sans conséquence.......... *Nm.*

Sin, ville de la Chine, est ſort loin de Bysance............... *Nm.*

Celle — cèle.

Celle que l'on chérit a sans cesse raison........................ *Pn.*

Cèle la vérité.... non pas, c'est trahison........................ *Vb.*

Scelle bien les barreaux le long de ma boutique........................ *Vb.*

Selle à courir la poste, est de cuir que l'on pique........................ *Nf.*

Sel, à saler le pot, n'est point le sel attique........................ *Nm.*

Céleri.

Céleri que l'on plante abonde en nos marais........................ *Nm.*

Sellerie est l'endroit où l'on met les harnais........................ *Nf.*

Ce long — lon.

Ce long trajet de mers se fait-il sans voguer?........................ *H2.*

Selon le temps qu'il fait, l'homme doit naviguer........................ *Pr*

Cellier — célié.

Cellier pour le bon vin, demande un lieu bien frais........................ *Nm.*

Sellier et carrossier vend des cabriolets........................ *Nm.*

Cène.

Cène que fit Jésus, nous peint l'Eucharistie . . . . *Nf.*
Saine et très-bien portante on va loin, Emilie . . . . *A2.*
Scène comique enfante et les ris et les jeux . . . . *Nf.*
Seine et Marne, on le sait, sont des fleuves fameux . . . . . . *Nf.*

C'en — san.

C'en est fait; on perd tout, dès que l'on perd l'honneur . . . *Hpr*
Cent soldats c'est beaucoup, s'ils sont gens de valeur *A2:*
2-*cents* tonneaux de sucre; ah! la bonne denrée! *A2:*
2-*cent*-vingt-huit lapins; ho! quelle fricassée! *A2:*
Sang qu'on verse au combat vient de l'homme inhumain. . . . *Nm.*
Sans argent, triste veille et triste lendemain . . . . *Pr*
S'en ira-t-il le traître? ah! quels maux il nous cause! . . . . . *Hpr*
Sens commun est, hélas! en bien petite dose! . . . . *Nm.*

Sent-on bien vivement ? on peint bien mieux la chose..... *Vb.*

Sens — sance.

Cens à Rome autrefois fut un dénombrement .... *Nm.*
Cense ou bien métairie, abonde en bon froment............ *Nf.*
Sens, au sud-ouest de Reims, forme un site charmant..... *Nm.*

Cent dix — san dice.

Cent dix avec cent vingt font, je crois, deux cent trente... *H2.*
Sandis ! dit le gascon ; moi seul contre cinquante ! ...... *In*

Censé — sancé.

Censé, que l'on croit tel, peut être fort honnête .... *A2.*
Sensé, mûr et prudent on est homme de tête.......... *A2.*

Cent ans — santan.

Cent ans font un long siècle ; ah ! qui peut les compter?.... *Hm.*
Santant bien tous vos torts, il faut les réparer............... *Pe*

S'entend-il au calcul ? toujours il
faut compter . . . . *Hv.*

Centon — Santon.

Centon se fait de vers pris en différens lieux . . . . *Nm.*
ou moine grec, est supers-
titieux . . . . *Nm.*
Sent-on bien les beautés d'Homère
et de Virgile ? . . . . *Hpn.*
Sentons mieux le bonheur d'un
cœur pur et tranquille . . . *Vb :*

Cep — cèpe.

Cep de vigne produit un jus bien
délectable . . . . *Nm.*
Ceps sont des fers qu'on met aux
pieds d'un misérable . . . . . *Nm :*

Cependant — pandan.

Cependant on nous berce, on nous
trompe sans cesse . . . . *Cn*
Ce pendant d'or, d'Hylas fut la
seule richesse . . . . *Hm.*
Se pendant par les pieds, Iphis *
suit sa tigresse . . . . *Hv*

* Iphis, amant d'Anaxarette, nymphe inflexible.

Cerf — cèr.

Cerf * au fond des forêts, redoute les chasseurs . . . . *Nm.*

Serre est un endroit chaud où l'on place des fleurs . . . . *Nf.*

Serres d'oiseau de proie ont une forte pince . . . . *Nf:*

Sert-on bien à la fois Dieu, l'Amour et le Prince ? . . . . *Vb.*

* L'*f* du mot *cerf* ne se prononce en aucun cas.

Cervante.

Cervante est espagnol, son livre est sans modèle . . . . *Nm.*

Servante qui nous sert, doit être bien fidelle . . . . *Nf.*

Ces — cé.

Ces Grands, qu'ils sont petits en justice, en vertus ! . . . . . . *Pn:*

C'est du fils de César que Caton fit Brutus . . . . *Hv.*

Sept * cents francs !... ce mot seul ravigote ma plume *A2:*

* Le *t* du mot *sept* ne se prononce point devant une consonne et l'on dit *cé*, mais devant une voyelle et à la fin de la phrase, on dit *sète*.

Ses affaires vont mal, le chagrin le consume . . . . *Pn*.

S'est-on accoutumé ? qu'on se désaccoutume . . . . *Hv*.

Cession.

Cession se dit bien pour céder quelque droit . . . . *Nf*.

Cessions-nous de parler ? le bavard reprenait . . . . *Vb*.

Session * ou séance, en un certain endroit . . . . *Nf*.

* *Session* se dit des séances d'un Concile, ou pour le période de temps d'une assemblée de corps.

Cet — cète.

Cet être qui meut tout ne saurait se comprendre . . . . *Pn*.

bavarde crie à ne pouvoir s'entendre . . . . *Pn*.

Sept * et dix font dix-sept, à Paris comme en Flandre . . . . *A2*.

* Les noms de nombre sont considérés comme des adjectifs.

Chaîne — chêne.

Chaîne au fond des prisons, pèse sur le coupable . . . . *Nf*.

Chêne antique me plaît par son ombre agréable . . . . *Nm.*

Chair — chèr.

Chair du bœuf qui rumine est nourrissante et bonne . . . . *Nf.*

Chaire de vérité, tu ne changes personne . . . . *Nf.*

Cher, qui coûte beaucoup, n'est pas toujours fort bon . . . . *A2.*

Chère bien délicate est pour Délicaton . . . . *Nf.*

Champ — chan.

Champ de blé qu'on moissonne est un bon héritage . . . . *Nm.*

Chant doux de la fauvette égaye mon bocage . . . . *Nm.*

Chas — châ.

Chas ou trou d'une aiguille, a du fil fin ou gros . . . . *Nm.*

Chat qui prend des souris, doit aller sans sabots . . . . *Nm.*

Chassie.

Chassie * est ce qu'on voit à l'œil du chassieux . . . . *Nf.*

* L'*a* de cet homonyme se prononce bref, et celui du suivant est long.

Châssis bien clos défend des frimas rigoureux .... *Nm.*

Chaumer — chômé.

Chaumer, dans quelque champ, c'est arracher le chaume.. *Vb*

Chômer, solemniser, se dit du saint qu'on chôme .... *Vb*

Chaud — chô.

Chaud et froid des saisons reviennent tour-à-tour .... *Nm.*

Chaux et sable, sont bons pour bâtir une tour.......... *Nf.*

Chaussé — chôcé.

Chaussé d'un escarpin, je vais plus lestement .... *A2.*

Chaussée au bord des eaux, est meilleure en ciment...... *Nf.*

Chaussez le malheureux sans pain, sans vêtement........... *Vb:*

Cheminée — né.

Cheminée, en hiver, présente un fort-bon coin............ *Nf.*

Cheminez lentement, et vous irez plus loin............... *Vb:*

Choc — chok.

Choc d'un corps sur l'airain, est cause qu'il résonne...... *Nm.*
Choque vient de choquer; ah! ne choquons personne...... *Vb.*

Chœur — keur.

Chœur d'église où l'on chante, a des enfans de chœur.... *Nm.*
Cœur vaut mieux que l'esprit; oh! que j'aime un bon cœur!. *Nm.*
Qu'heur et malheur se dit; il n'est qu'heur et malheur...... *Hm.*

Choisi — choâzi.

Choisi fut un abbé moins fameux que Bernis............... *Hm.*
Choisis bien ta lecture, et pense quand tu lis............ *Vb.*
Choisy-le-Roi, village, est tout près de Paris................ *Nm.*

Chrême — krême.

Chrême saint; on le porte au malade expirant............ *Nm.*
Crême ou dessus du lait, fait du beurre excellent......... *Nf.*

Chut! — *chutte.*

Chut!... on ne s'entend plus... paix-là, maudits jaseurs! ..... *In*

Chute des grands États vient des mauvaises mœurs .... *Nf.*

Ciboule.

Ciboule est loin d'avoir l'odeur du serpolet .... *Nf.*

Six boules ne font point un jeu de cochonnet .... *Hf.*

Ci-gît — *ji.*

Ci-gît qui fit grand bruit à son enterrement .... *Ad*

Scie à scier du bois, est un bon instrument .... *Nf.*

Si tu veux vivre heureux, reste dans ta chaumière .... *Cn*

Sis veut dire placé près Saint-Paul ou Saint-Pierre .... *A2.*

Six fois trois font dix-huit; trois et cent font cent trois *A2:*

S'y promène-t-on bien dans ces petits endroits? .... *Had*

Cimon.

Cimon du vrai héros est le parfait modèle . . . . *Nm.*
Simon fut un martyr, à l'Eglise fidèle . . . . *Nm.*
Si mon blé gèle encor nous serons affamés . . . . *Hpn.*
Six monts furent jadis dans Rome renfermés . . . . *Hm:*

Cils — cile.

Cils, au nombre pluriel, c'est le poil près des yeux . . . . . . *Nm:*
S'il nous trompe tant pis; s'il est probe tant mieux . . . . *Hpn.*

Cire — cir.

Cire et miel tout sucré, des mouches sont l'ouvrage . . . . . . *Nm.*
Sire est un nom qu'on donne aux grands de haut parage . . . *Nm.*

Citerons — citron.

*Citerons**-nous ces faits? Non, il faut trop d'horreur . . . . . . *Vb:*

* Dans la conversation on tronque toujours l'*e* du futur et du conditionnel des verbes de la première conjugaison, et l'on dit : *j'aimrai*, *j'aimrais*, je *citrai*, nous *citrons*, etc. etc.

Citron que l'on confit, perd toute
son aigreur............... *Nm.*

Civil.

Civil, honnête et bon ; ah ! c'est
un galant homme !...... *A2.*
Si vil qu'il ferait tout, je crois, pour
une pomme............. *H2.*
Six villes du midi, la plus célèbre
est Rome............... *Hf:*

Clair — kler.

Clair de lune qui brille est le flambeau des Cieux.......... *Nm.*
Claire était une sainte, et guéris-
sait les yeux............. *Nf.*
Clerc de notaire écrit des actes
précieux................ *Nm.*

Clause — klôse.

Clause dans un contrat, fort souvent nous importe....... *Nf.*
Clôse et très-bien fermée ; on parle
de la porte............. *A2.*

Coi — koâ.

Coi veut dire tranquille ; il faut se
tenir coi .... *A2.*

Quoi! vous mentez ainsi.... retirez-
vous de moi !........... *In*

Col — kol.

Col, qui sert de cravate, est de plus
d'une sorte............. *Nm.*
Colle sert à coller, sur-tout quand
elle est forte........... *Nf.*

Collait — kolè.

Collait vient de coller mon armoire
ou ma chambre......... *Vb.*
Collet d'un jeune fat sent le musc
ou bien l'ambre......... *Nm.*

Colomb — kolon.

Colomb, navigateur, découvrit
l'Amérique.............. *Nm.*
Colon du Cap-Français à cultiver
s'applique.............. *Nm.*
Collons à la muraille une Sainte
Monique................ *Vb:*

Comptant — kontan.

Comptant ses vieux écus un vieil
avare rit............... *Pe*
Contant une bêtise un nigaud s'applaudit................ *Pe*

Content d'avoir bien fait, alors tout me sourit . . . . *A2.*

Compte — konte.

Compte l'argent qui reste, et compte-le deux fois . . . . *Ve.*

Comtes, princes, marquis, vous fûtes autrefois . . . . *Nm:*

Contes jaunes, contes bleus instruisent quelquefois . . . . *Nm:*

Conseil — konseil.

Conseil sage et prudent peut nous sauver la vie . . . . *Nm.*

Conseille bien les gens, et sur-tout ta partie . . . . *Vb.*

Coq — kok.

Coq-à-l'âne, des sots charme la sotte oreille . . . . *Nm:*

Coque de vers à soie est superbe à Marseille . . . . *Nf.*

Corps — kor.

Corps de l'homme est sujet à mille maux divers . . . . *Nm.*

Cor bruyant du chasseur retentit dans les airs . . . . *Nm.*

Cors, en parlant du cerf, sont ses cornes, son bois.......... *Nm*:
Qu'or : partout ce n'est qu'or chez les grands et les rois...... *Hm*.

Cortès-kortèce.

Cortès est en Espagne un grand conseil d'état............ *Nm*.
Cortez * chez les Incas n'est qu'un vil scélérat.............. *Nm*.

* Ce *Cortez* fit rôtir sur un gril l'infortuné *Gatimozin*, dernier roi du Mexique ; et il est cité comme un héros !.. Voilà comme on écrit l'histoire !

Cote—kotte.

Cote ou marque pour l'ordre a plus d'un avantage........... *Nf*.
Cotte de Margoton lui sied sous son corsage................ *Nf*.
Quotte part de chacun forme un égal partage........... *Nf*.

Cou— kou.

Cou d'oie est excellent quand il sort de la broche......... *Nm*.

Couds, Suzon ; file bien, tu rempliras ta poche.......... *Vb.*

Coup qu'on donne à la tête est souvent dangereux.......... *Nm.*

Coût *, vieux mot, est le prix d'un objet fort coûteux....... *Nm.*

* On dit encore, en parlant de ce qui est fort cher : *le coût en fait perdre le goût.*

Cour — kour.

Cour et puits servent bien dans toutes les maisons....... *Nm.*

Courent-ils assez vîte? ah ! comme ils sont poltrons !......... *Vb:*

Cours de langue se dit comme le cours d'un fleuve......... *Nm.*

Court ou long il en faut, et l'on en voit la preuve........... *A2.*

Courtisan — kourtizan.

Courtisan lâche et bas est toujours méprisable.............. *Nm*

Courtisant les neuf Sœurs, on devient plus aimable...... *P.*

Crains — krin.

Crains d'offenser ton père, et qu'il soit respecté............ *Vl*

Craint, redouté de tous, on en est détesté . . . . *Pe.*

Crin est ce qu'on saisit au cheval emporté . . . . *Nm.*

Crillon — kriyon.

Crillon ſut un guerrier d'une insigne valeur . . . . *Nm.*

Crions bien ſortement, crions tous au voleur ! . . . . *Vb.*

Cric — kri.

Cric, instrument puissant, lève de lourds ſardeaux . . . . *Nm*

Cris aigus ne vont point sans souffrir de grands maux . . . . *Nm.*

Chrie, un devoir de classe, amplification . . . . *Nf.*

Christ *; Jésus-Christ pour nous souffrit la Passion . . . . *Nm.*

* Quand le mot *Christ* est joint au mot *Jésus*, on prononce sans ſaire sonner l'*s* ni le *t* : *Jésus-Cri.*

Crois — kroâ.

Crois-tu qu'on soit heureux étant riche et puissant ? . . . . *Vb.*

Croît-il bien en sagesse et devient-il savant ? . . . . *Vb.*

Croix-de-Jésus, pour lire, est un livre d'enfant............ *Nf.*

Cru — kru.

Cru, terrain qui produit, est un assez bon lot............ *Nm.*

Crue, augmentation, ſait rouler double flot............. *Nf.*

Crut-on ce ſourbe insigne ? ah ! combien l'on ſut sot !.... *Vb.*

Cuir — kuir.

Cuir du bœuf vigoureux ſait de fort bons souliers............ *Nm.*

Cuire, à l'infinitif, le fruit de nos pommiers.............. *Vb*

Cybèle — Cibel.

Cybèle, sur son char, est la mère des Dieux.............. *Nf.*

Si belle est-on si bête ? ah ! que c'est malheureux !....... *H2.*

Cycle — Cikle.

Cycle ou cours du soleil, est au calendrier.............. *Nm.*

Sicle, du temps des Juiſs, fut un riche denier............ *Nm.*

Cygne

Cygne — Cigne.

Cygne est un bel oiseau que tout le monde admire........... *Nm.*

Signe ou signal secret fait voir que l'on conspire............ *Nm.*

Signent-ils bien leur nom ? — Ils ne savent pas lire....... *Vb:*

Cyprès — cipré.

Cyprès, urnes, tombeaux, symbolisez mon deuil !......... *Nm:*

Si près d'atteindre au port, je me brise à l'écueil...........*Had.*

D.

D'acier — dacié.

D'acier damasquiné je veux un cimeterre.............. *Hm.*

Dacier a bien traduit l'Iliade d'Homère.................. *Nf.*

Dais — dé.

Dais du Saint-Sacrement est orné de dentelles............. *Nm.*

Des mœurs *, ô mon ami ! rien ne dispense d'elles....... *A2:*

* *On abroge les lois, les mœurs sont immortelles.*

Dès que l'homme a pensé ses tyrans ont frémi........ *Pr*

Dey, gouverneur d'Alger, du Christ est l'ennemi............... *Nm.*

Dam — dan.

Dam, dommage ou revers est un mot qui vieillit.......... *Nm.*

Dans un vase infecté le meilleur vin s'aigrit................ *Pr*

D'en vouloir à quelqu'un, c'est bien vrai, je n'ai garde........ *Hpr*

Dent de loup, c'est vengeance et rancune qu'on garde..... *Nf.*

D'amien — damien.

D'Amiens, en moins d'un jour, je puis gagner Arras....... *Hp.*

Damiens et Ravaillac furent des scélérats................ *Nm.*

Danse — dance.

Danse, opéra, pompons, nous ruinent bientôt......... *Nf.*

Dense, épais; en physique on se sert de ce mot.......... *A2.*

Dansons.

Dansons après l'étude, et livrons-nous au jeu............ *Vl:*

Dans son cœur il est bon que
l'homme lise un peu..... *Hpn.*

Date.

Date à compter les jours, vous marque aussi les ans......... *Nf.*
Datte, fruit du dattier, a des fruits excellens............... *Nf.*

D'avantage.

D'avantage a deux mots, c'est De, puis Avantage........... *Hp*
Davantage veut dire un peu plus en partage............... *Ad*

De boue.

De boue et d'égoïsme ah ! que de cœurs pétris !............ *Hf.*
Debout, Soldats, debout ! marchons aux ennemis !..... *Ad*

Déceler.

Déceler des secrets c'est une trahison.................... *Vb*
Descellez les barreaux, et fermez la prison............... *Vb:*
Dessellez mon bidet ; allons vîte, garçon !............... *Vb:*

Décent — déçan.

Décent et beau maintien convient à la jeunesse............ *A2.*

Descends de mille rois, tu n'es rien sans sagesse......... *Vb.*

D'écrire — dékrir.

D'écrire * offre deux mots, De d'abord, puis Ecrire..... *Hp*

Décrire est raconter la chose qu'on veut dire............... *Vb*

* Susette vient de coudre, et Pierrot vient d'écrire.

Défais — défé.

Défais-toi de ce meuble, il fait trop d'embarras.......... *Vb.*

Défait, pâle et tremblant, je l'ai pris dans mes bras........ *Pe.*

Défets, feuilles d'un livre ou bien des almanas * .... *Nm.*

* Le mot *Almanach* quitte l'*h* et le *c* au pluriel.

D'égorger — dégorgé.

D'égorger, d'étrangler, c'est le fait des brigands............ *Hp*

Dégorger se dit bien du poisson des étangs.................. *Vb*

Dégoûtant — goûtan.

Dégoûtant et malpropre, on vous laisse et l'on fuit........ *A2.*

Dégouttant goutte à goutte, ah! tout mon vin s'enfuit!.... *Pc*

Délace.

Délace * le corset; défais cinq à six tours............... *Vb.*

Délasse-toi, ma fille, on ne lit pas toujours............... *Vb.*

* Prononcez bref l'a du mot délacer un corset.

Délie — Déli.

Délie un peu ta bourse, et fais enfin l'aumône........... *Vb.*

Délies, jours consacrés au beau fils de Latone........... *Nf.*

De l'île.

De l'île d'Oléron je m'embarque à Belle-Isle............... *Hf.*

Delille, en ses beaux vers, atteint presque Virgile.......... *Nm.*

Delisle, géographe, était un homme habile............ *Nm.*

Dépend — dépan.

Dépend-il bien de nous d'être forts et puissans ? . . . . *Vb.*

Dépends-moi deux lapins, et laisse tes harengs . . . . *Vb.*

Dépens, ce sont des frais qui sont petits ou grands . . . . *Nm:*

D'eux — deu.

D'eux ; c'est d'eux que je parle ; on n'est pas plus fripon . . . . . *Hpn:*

Deux amis généreux, aujourd'hui les voit-on ? *A2:*

D'œufs frais il faut la couple, à souper c'est fort bon . . . . *Hm:*

Des Cartes — karte.

Des cartes et des pions amusent bien l'enfance . . . . *Hf.*

Descartes, philosophe, est l'honneur de la France . . . . *Nm.*

Désir — dézir.

Désir impétueux, tu causes mon tourment ! . . . . *Nm.*

Désire, mon ami, toujours modérément . . . . *Vb.*

Devin.

Devin de mon village, on me croit un sorcier............... *Nm.*
Devint-il plus humain ce petit homme altier?............ *Vb.*

D'hiver — diver.

D'hiver ou bien d'été je voudrais un manteau.............. *Hm.*
Divers discours plairont si le style en est beau............. *A2:*
Dix vers coûtaient souvent plus d'un jour à Boileau...... *Hm:*

Didon.

Didon fonda Carthage, et Rome l'a détruite............... *Nf.*
Dis donc la vérité, tout se sait par la suite................. *Hcn*

Dieu.

Dieu qui créa le Ciel, veille aussi sur nos jours............ *Nm.*
D'yeux entouré par-tout Argus veillait toujours.......... *Hm:*

Différant — diféran.

Différant trop l'on perd, ne différons jamais............ *Pe*

Différend nous irrite et nous brouille à jamais........ *Nm.*
Différent, tout changé, je ne vois plus ses traits............ *A2.*

Dimanche.

Dimanche nous irons danser sous les berceaux............ *Nm.*
Dix manches peuvent bien emmancher dix couteaux....... *Hf.*

Dîme.

Dîme de vin, de blé, mon curé ne l'a plus.............. *Nf.*
Dîmes-nous assez vrai? mais nul ne nous a crus........... *Vb.*

Dîné.

Dîné dans mon logis, se dit au masculin.............. *Nm.*
Dînée, en voyageant, s'emploie au féminin.............. *Nf.*
Dînez bien, et buvez votre bouteille entière............ *Vb.*
Dix nez longs et pointus flairaient ma tabatière............ *Hm.*

Dis — di.

Dis-nous un mot pour rire; il ſaut bien plaisanter........... *Vb.*

Dix fois deux sous ſont vingt, si je sais bien compter..... *A2:*

D'y penser je n'ai garde; il faut se consoler................ *Had*

Diseurs — dizeur.

Diseurs de contes bleus ne sont que des oisons.......... *A2:*

Dix heures vont sonner; mes amis, déjeûnons............. *Hf:*

Dis-moi — dimoâ.

Dis-moi, doit-on souffrir ton humeur vaine et fière ?..... *Hpn.*

Dix mois joints avec deux, ſont une année entière....... *Hm:*

Doigt — doâ.

Doigt qui suit notre pouce est très-bon pour l'indice....... *Nm.*

Dois-tu ? paye aussitôt : devoir est un supplice.......... *Vb.*

Douai, grande ville au nord, voit la Scarpe couler......... *Nm.*

Douait est à l'imparfait, et vient du verbe Douer........ *Vb.*

Dom — don.

Dom, chez les Espagnols, est un titre imposant........... *A2*

Don, présent qu'on nous fait, rend joyeux et content....... *Nm.*

Donc * sert dans le discours pour conclure une chose...... *Cn*

Dont, pronom relatif à ce que l'on propose............ *Pn.*

* Ici le c du mot *donc* ne doit pas sonner, quoiqu'il commence la phrase, parce qu'il est le sujet du verbe Servir, et c'est comme si l'on disait le mot *Donc* sert, etc., ce qui renferme un sens bien différent de la phrase suivante : *Donc vous viendrez*; prononcez ici : *Donque vous viendrez.*

D'or — dor.

D'or massif et d'argent tout Lima resplendit.............. *Hm.*

Dore-lui la pilule, est un mot que l'on dit............... *Vb.*

Dors bien, mon pauvre enfant, et reste dans ton lit........ *Vb.*

Dora.

Dora vient de dorer une montre, une boîte .... *Vb.*

Dorat fit l'Egoïste, et c'est un bon poète .... *Nm.*

Dot — dotte.

Dot qu'on ne peut ravir, ce sont les vrais talens .... *Nf.*

Dote vient de doter, dote bien tes enfans .... *Vb.*

D'où — dou.

D'où vient donc ce faquin? qu'il parle insolemment! ...... *Had*

Doubs se rend dans la Saone, et coule promptement ...... *Nm.*

Doux, poli, très-modeste : ah! quel sujet charmant! .... *A2.*

D'où leur — douleur.

D'où leur vient tant d'audace avec tant d'infamie? .... *Had*

Douleur insupportable! ah! termine ma vie! .... *Nf.*

Du.

Du courage, mon fils! nous en viendrons à bout .... *Pr*

Dû ne m'est point payé : j'ai dû; j'ai payé tout.......... *Pe.*

Dût-il perdre la vie, Orphée ira par-tout................ *Vb.*

D'une.

D'une insulte l'on garde un souvenir amer.............. *H2.*

Dune ou monceau de sable est au bord de la mer......... *Nf.*

Dur.

Dur, insensible et fier, un cœur est-il heureux?.......... *A2.*

Dure-t-il bien long-temps l'âge inconstant des jeux?.... *Vb.*

E

Echo — éko.

Echo, qui retentit, ne produit rien de soi................ *Nm.*

Ecot, que chacun paye, est de même pour toi.......... *Nm.*

Eclair — ékler.

Eclair, qui brille et fuit, m'effraye sur la route............ *Nm.*

Eclairé-nous un peu, car nous n'y voyons goutte........... *Vb.*

Eclat — ékla.

Eclat vif du soleil vous blesserait les yeux................ *Nm.*

Hécla, mont dans l'Islande, ouvre un volcan affreux........ *Nm.*

Ecoute — ékoute.

Ecoute bien ton maître, et fais attention.................... *Vb.*

Ecoutes *, au pluriel, convient à l'espion.............. *Nf.*

* Ce mot s'emploie au pluriel quand il s'agit d'espionner, et l'on dit être aux *écoutes*.

Efforts — éfor.

Efforts infructueux!.. plus je fais, moins j'avance.......... *Nm.*

Ephores *, magistrats d'une grande puissance.............. *Nm.*

* Signifiant les magistrats de Sparte, le mot *Ephores* s'écrit particulièrement au pluriel.

Egards — *égar.*

Egards, soins qu'on se doit, se montrent par un mot.... *Nm:*
Egare-toi d'abord, tu te perdras bientôt................. *Vb.*

Eh — *é.*

Eh ! * qui n'a pas pleuré quelque perte cruelle ?........... *In*
Et sert à joindre ensemble et Saturne et Cybèle........... *Cn*
Hé bien ! réussit-on lorsqu'on est sans cervelle ?........... *In*

* L'interjection *Eh* marquant un mouvement profond de l'ame, prend l'*h* après elle ; et c'est le contraire quand elle sert simplement à apostropher ou adresser la parole.

Elan.

Elan, animal vif, semble voler en l'air................... *Nm.*
Elans * d'un grand esprit sont prompts comme l'éclair.. *Nm:*

* Ce mot s'emploie sur-tout au pluriel, quand il est relatif à l'ame ou à l'imagination.

En âge — an naje.

En âge d'avancer, ma fille, il faut t'instruire . . . . *Hm.*
En nage et tout suant à peine je respire . . . . *Hm.*

Encens — ançan.

Encens de l'encensoir fume au nez de l'idole . . . . *Nm.*
En cent je te le donne, et je gage une obole . . . . *H2.*
En sent-on la valeur d'un homme de parole? . . . . *Hv.*

En chair — anchèr.

En chair se dit fort bien quand on est un peu gras . . . . *Hf.*
En chaire un prêtre monte et nous fait les beaux bras . . . . *Hf.*
Enchère, plus haut prix, se met bien sur les draps . . . . *Nf.*

En durant — anduran.

En durant si long-temps le mal nous tuera tous . . . . *Hpe*
Endurants et trop bons, on se moque de vous . . . . *A2.*

En faire — anfer.

En faire, des écus ! comment, quand on n'a rien ?..... *Hv*

Enfer et paradis sont connus du chrétien................. *Nm.*

Enfers est au pluriel, pour loger le païen................. *Nm:*

En gage — angaje.

En gage nous mettons tout pour vivre aujourd'hui........ *Hm.*

Engage ton ami, viens dîner avec lui....................... *Vb.*

En ris — anri.

En ris-tu ? moi j'en pleure ; il cause mes regrets....... *Hv.*

Henri Quatre fut grand, sur-tout par ses bienfaits.......... *Nm.*

En semble.

En semble-t-il plus grand le nain sur sa montagne ?....... *Hv.*

Ensemble il faut aller voir la belle campagne............... *Ad*

En tant — antan.

En tant, vu qu'il le faut, soumettons-nous au sort........ *Pr*

En temps de guerre il faut tâcher d'être plus fort.......... *Hm.*

Entends les derniers mots de ton père à la mort........... *Vb.*

Entrée — antré.

Entrée est un passage où je vais tout botté................ *Nf.*

Entrer, sortir ensuite ; il faut la liberté................ *Vb.*

Entrez, messieurs, pour voir la curiosité.............. *Vb:*

Envi — anvi.

Envi ; faire à l'envi, c'est à qui fera mieux.............. *Ad*

Envie ou jalousie, indique un envieux............... *Nf.*

En vie et dansant bien, c'est la marmotte en vie............ *Hf.*

En vis-tu des enfans si pleins de modestie?............. *Hv.*

Epi — épi.

Epi blond de Cérès servait jadis d'offrande.............. *Nm.*

Epie un peu le chat, il mangerait la viande............ *Vb.*

Epictète — épitète.

Epictète écrivait sous l'affreux Domitien . . . . *Nm.*

Epithète de sage à Bias convient bien . . . . *Nf.*

Ero — éro.

Ero, jeune prêtresse, aimait beaucoup Léandre . . . . *Nf.*

Héros comme Turenne, est plus grand qu'Alexandre . . . . . *Nm.*

Etaim — étin.

Etaim, laine très-fine, est très-bon pour mes bas . . . . *Nm.*

Etain, métal fort mou, sert à fondre des plats . . . . *Nm.*

Eteins vîte le feu, puis tu nous rejoindras . . . . *Vb.*

Etang — étan.

Etang plein de poissons est d'un fort bon produit . . . . *Nm.*

Etant ignare et sot, tout le monde vous fuit . . . . *Pe*

Etends donc ton savoir, et tâche d'être instruit . . . . *Vb.*

Être — être.

Être bon, être juste, il le faut, ô mon fils! . . . . *Vb*

Êtres, détours d'un lieu, font connaître un logis . . . . *Nm.*

Hêtre, arbre où le berger grave des noms chéris . . . . *Nm.*

Etrier — étrié.

Etrier peut servir quand on monte à cheval . . . . *Nm.*

Etrillez rudement le méchant qui fait mal . . . . *Vb.*

Eu — eux.

Eu, ville en Normandie, est assez près d'Evreux . . . . *Nm.*

Eux, le pluriel de lui; l'on ne parle que d'eux . . . . *Pn.*

Oeufs pour une omelette, il en faut au moins deux . . . . . . *Nm.*

Eu — û.

Eu vient du verbe Avoir; nous avons eu grand'faim . . . . . *Pe*

Eus; les avons-nous eus ces papiers, sous la main? . . . . *Pe.*

Hue ! allons, bourriquet, suis vîte ton chemin ! . . . . *In*

Eûmes — ûme.

Eûmes-nous assez peur dans ce bois écarté ? . . . . *Vb:*
Hume l'air du matin, c'est bon pour la santé . . . . *Vb.*

Eurent — ur.

Eurent, pluriel d'avoir, est au passé parfait . . . . *Vb:*
Eure * arrose un château que l'on appelle Anet . . . . *Nm.*
Hure d'un sanglier, d'un saumon ; c'est la tête . . . . *Nf.*
Ure ou taureau sauvage, est une affreuse bête . . . . *Nm.*

* Beaucoup de personnes prononcent le mot *Eure*, rivière, comme *Leur* ; mais Voltaire nous règle dans cet Homonyme par les vers suivans :

Il voit les murs d'Anet bâtis aux bords de l'Eure ;
L'Amour en ordonna la superbe structure.

Exauce — exôce.

Exauce ma prière et comble tous mes vœux . . . . *Vb.*

Exhausse un peu l'enfant, il verra beaucoup mieux . . . . *Vb.*

F.

Face.

Face ouverte et riante obtient meilleure audience . . . . . . *Nf.*

Fasse le ciel qu'en tout l'on suive la prudence ! . . . . *Vb.*

Faim — fin.

Faim et soif font souffrir beaucoup de malheureux . . . . *Nf.*

Feins, fais semblant d'aller, ils fuiront, les peureux . . . . *Vb.*

Feint ou bien simulé, provient du verbe Feindre . . . . *Pe.*

Fin, rusé, cauteleux, sait bien mieux se contraindre . . . . *A2.*

Faire — Fèr.

Faire et dire sont deux; on dit beaucoup sans faire . . . . . *Vb*

Fer rouge que l'on bat brille, étincelle, éclaire . . . . *Nm.*

Ferre vîte la mule, et partons pour la Fère . . . . *Vb.*

Fais — Fè.

Fais que je te comprenne et parle clairement . . . . *Vb.*

Faits prouvés valent mieux qu'un vain raisonnement . . . . *Nm:*

Faix ou pesant fardeau fait marcher lentement . . . . *Nm.*

Faisan — fezan.

Faisan est un oiseau d'un goût très-savoureux . . . . *Nm.*

Faisant tout par soi-même on réussit bien mieux . . . . *Pe*

Fait — Fète.

Fait, au fait, avocat; à quoi bon ces détours ? . . . . *Nm.*

Faîte ou cîme se dit des grandeurs et des tours . . . . *Nf.*

Faites — fête.

Faites-bien vos devoirs, quoi qu'il puisse arriver . . . . *Vb:*

Fête d'un tendre père, il faut la célébrer.................. *Nf.*

Faon —*fan.*

Faon, petit d'une biche, est difficile à prendre.......... *Nm.*

Fends cette bûche et prends trois coins pour la mieux fendre. *Vb.*

Fard — *Fâr.*

Fard ou rouge trompeur, sied mal à la beauté.............. *Nm.*

Phare * d'Alexandrie avait grande clarté.................. *Nm.*

* Le phare ou fanal d'Alexandrie, bâti par les ordres de Ptolémée Philadelphe, était aussi considérable que la fameuse tour de Babilonne; il avait huit étages en arcades et 450 pieds de hauteur. La cîme de ce magnifique édifice était ornée de douze lampadophores d'airain, de forme colossale et portant chacun une lampe d'une toise de diamètre. Rien n'est si curieux que le détail des phosphores et des matières combustibles employés pour le service de ce prodigieux fanal dont *Sostrate* fut l'architecte.

Faste.

Faste, luxe insultant, convient aux hommes vains.......... *Nm.*
Fastes, calendrier pour les consuls Romains.............. *Nm:*

Fat alité.

Fat alité s'entend d'un fat malade au lit................. *H2.*
Fatalité, revers ; c'est un destin maudit............... *Nf.*

Fausse — fôsse.

Fausse nouvelle est prompte et court par tout le monde.. *A2.*
Fosse où l'on plante un chêne est large et très-profonde.... *Nf.*

Faut — fô.

Faut-il que l'homme, hélas ! ne soit heureux qu'en songe !. *Vb.*
Faux; c'est très-faux, vous dis-je, et c'est un plat mensonge... *A2.*

Féerie — féri.

Féerie, enchantement nous charme sur la scène............. *Nf.*

Férie

Férie est pour l'Eglise un jour de la semaine.............. *Nf.*

Fi !

Fi donc ! ah ! que c'est laid de faire la grimace !....... *In*

Fie-toi, le moins possible, à tout excès d'audace.......... *Vb.*

Fils * d'un père éclairé doit avoir du talent............... *Nm.*

Fis-tu bien d'écouter ce petit insolent ?................ *Vb.*

* L'*s* du mot *fils* ne sonne qu'à la fin de la phrase ; mais quand il est suivi d'une consonne on prononce *Fi*; lorsqu'il finit la phrase, on dit *fisse* : *Elle avait à pleurer un père, un frère, un fils* (fisse).

Fil.

Fil de soie est utile, ainsi qu'un fil de laine.................. *Nm.*

File ou rang de soldats, marche mieux dans la plaine..... *Nf.*

Filent-elles vos sœurs avec la belle Hélène ?.............. *Vb.*

Filais — filè.

Filais-tu bien, ma fille, à l'ombre des ormeaux? .... *Vb.*

Filet fait à l'aiguille a de jolis réseaux .... *Nm.*

Filets est au pluriel, pour prendre des oiseaux .... *Nm:*

Flan.

Flan fait avec des œufs forme un mets succulent .... *Nm.*

Flanc, au champ de bataille, a plus d'un coup sanglant ... *Nm.*

Fleur.

Fleur d'orange répand un parfum enchanteur .... *Nf.*

Fleure-t-il ton bouquet? a-t-il un peu d'odeur? .... *Vb.*

Fleurait — fleurè.

Fleurait-il le lilas? dis moi, sentait-il bon? .... *Vb.*

Fleuret blesse parfois comme un large espadon .... *Nm.*

Foi — foâ.

Foi, parole qu'on donne, équivaut au serment .... *Nf.*

Foie à manger bien cuit, s'écrit différemment.......... *Nm.*

Fois, encore une fois; non, rien n'est si charmant!...... *Nf.*

Foix, sur l'Arriège, a vu d'Albret*, sage princesse.... *Nm.*

Fouet pour chasser les chiens, stimule la paresse.

* *Jeanne* d'Albret fut mère d'Henri IV, et fut digne de l'être.

Fond — fon.

Fond de ma bourse, hélas! je te vois en tremblant....... *Nm.*

Fonds de terre en valeur est un bien important.......... *Nm.*

Font-ils bien leur devoir, ceux qui nous le commandent?.... *Vb:*

Fonts baptismaux sont ceux où les chrétiens se rendent..... *Nm:*

For.

For de la conscience est le fond de notre ame............... *Nm.*

Fors veut dire excepté, dans l'objet qu'on réclame............ *Pr*

Fort ou faible, mon fils, que l'honneur vous enflâme!...... *A2.*

Forait — forè.

Foraït vient de forer un gentil tonnelet. . . . . *Vb.*

Foret, petit poinçon, pour percer est tout prêt . . . . *Nm.*

Forêt d'arbres touffus forme la forêt Noire. . . . . *Nf.*

Forez, près de Lyon, est baigné par la Loire. . . . . *Nm.*

Força.

Força-t-il la cloison, le coquin, pour voler? . . . . *Vb.*

Forçat, sur la galère, est sans cesse à ramer. . . . . *Nm.*

Forçât, à l'imparfait, vient du verbe Forcer. . . . . *Vb.*

Forma.

Forma-t-il son esprit en lisant des romans? . . . . *Vb.*

Format, forme d'un livre, a divers ornemens. . . . . *Nm.*

Fougère.

Fougère où je m'assieds, sert de siége à Ninon. . . . . . . *Nf.*

Fougères, en Bretagne, est au bord du Couesnon. . . . . *Nm.*

Fourni.

Fourni par mon marchand, le drap est bien meilleur. . . . . . *Pe.*

Fournil du boulanger est brûlant de chaleur. . . . . *Nm.*

Fournit-on brillamment sa carrière sans cœur? . . . . *Vb.*

Frai — frè.

Frai, poisson tout petit, à la fin devient grand. . . . . *Nm.*

Frais que je prends à l'ombre est bon en méditant. . . . . . *Nm.*

Frêt, pour quelque vaisseau, demande de l'argent. . . . . *Nm.*

Fuie — fui.

Fuie ou bien colombier, près de la ferme est mieux. . . . . *Nf.*

Fuis bien loin des ânons, tu chanterais comme eux. . . . . *Vb.*

Fume — fûme.

Fume à présent ta pipe, et retiens ta fureur. . . . . *Vb.*

Fûmes-nous assez sots de croire un imposteur? . . . . *Vb.*

Fumeron.

Fumeron de charbon pourrait bien m'entêter. . . . . *Nm.*

Fumeront, au futur, vient du verbe Fumer. . . . . *Vb.*

Fus — fu.

Fus-je assez malheureux de n'avoir aucun livre! . . . . *Vb.*

Fut-on jamais content, même ayant de quoi vivre? . . . . *Vb.*

Fût se dit du canon ou du vin qui t'enivre. . . . . *Nm.*

G.

Gai — ghé.

Gai, content, dans l'aisance, il faut se partager. . . . . *A2.*

Gué d'un fleuve est l'endroit qu'on passe sans nager. . . . . . *Nm.*

Guet qu'on fait en guettant, nous sauve du danger. . . . . . *Nm.*

Gale.

Gale qui fait gratter, fait fuir loin des galeux. . . . . *Nf.*

Galles, dans l'Angleterre, eut des chefs belliqueux. . . . . . *Nm.*

Gand — gan.

Gand, ville de la Flandre, est auprès de l'Escaut. . . . . . *Nm.*

Gants fourrés, en hiver, tiennent toujours bien chaud. . . . *Nm.*

Gard — gâr.

Gard est sur le Gardon; c'est un pont magnifique. . . . . . *Nm.*

Gare ! que le fat passe avec toute sa clique ! . . . . *In*

Gars, ou jeune garçon, est un mot du comique. . . . . *Nm.*

Gaz — gâze.

Gaz est un air léger dont j'emplis un ballon. . . . . *Nm.*

Gaze fine sied bien sur le sein de Ninon. . . . . *Nf.*

Geai — jè.

Geai qui siffle est malpropre, et fait un sot oiseau. . . . . . *Nm.*

Jais ou bitume noir prend un poli très-beau. . . . . *Nm.*

Jet de pierre se dit de même qu'un jet d'eau. . . . . *Nm.*

Gent — jan.

Gent *, mignon et gentil, nous fixe tout d'abord. . . . . *A2.*

Gens durs, gens sans pitié, que je hais votre abord !. . . . . *Nm:*

Jean vécut sans souci; c'est le bon La Fontaine . . . . *Nm.*

J'en veux ! — C'est un peu fort.... parlez, mieux, capitaine !. *Hpr*

* Le mot *gent* est du style marotique, et l'on ne s'en sert guères aujourd'hui qu'en parlant d'une *gente pucelle*.

Goûte.

Goûte bien les écrits de l'abbé de Saint-Pierre. . . . . *Vb.*

Goutte à goutte l'eau tombe et creuse enfin la pierre. . . . . *Ad*

Gra.

Gra se dit de l'endroit où va gratter la poule. . . . . *Nm.*

Gras et très-gros, cet homme est rond comme une boule. . . *A2.*

Grâce.

Grace qu'on sollicite à l'instant s'obtient-elle ?........... *Nf.*

*Grâces**, sœurs de l'Amour, vainquent le plus rebelle..... *Nf.*

Grasse à l'excès, puissante, une femme est moins belle.... *A2.*

* Les Grâces, filles de Vénus, étaient *Euphrosine*, *Thalie* et *Aglaïa.*

Graisse — Grèce.

Graisse est fort déplacée en vers et sur l'habit.............. *Nf.*

Grèce, séjour des Arts.... ton nom seul me ravit !........... *Nf.*

Grammaire.

Grammaire * de Restaut apporte de l'ennui.............. *Nf.*

Grand'mère et grand-papa ne sont pas d'aujourd'hui........ *Nf.*

* Prononcez *grammère* bref, pour le premier homonyme, et *grân* pour le deuxième.

Grateron.

Grateron * aux habits va toujours
s'arrêter . . . . *Nm.*
Gratteront, au futur, vient du verbe
Gratter . . . . *Vb.*

* L'Académie écrit avec deux *t* le verbe *Gratter*, et n'en met qu'un dans le mot *grateron*, plante qui gratte et s'attache aux habits.

Gray — grè.

Gray, ville sur la Saône, est au
nord de Dijon . . . . *Nm.*
Grès ou sable très-fin écure mon
chaudron . . . . *Nm.*

Gri.

Gri-gri, vif et gentil, est un petit
oiseau . . . . *Nm.*
Gris est une couleur dont on peint
mon bureau. . . . . *Nm.*

Grillon.

Grillon, pendant la nuit, m'em-
pêche de dormir . . . . *Nm.*

Grillons quelques marrons, ou faisons-les rôtir.......... *Vb:*

Gui — ghi.

Gui de chêne est utile à plus d'un teinturier.............. *Nm.*

Guie, en Perse, a pu voir Chardin ou Tavernier............ *Nf.*

Guy, nommé Lusignan, fut un prince guerrier.......... *Nm.*

Guère.

Guère ou très-peu d'argent fait faire triste mine.............. *Ad*

Guerre ! fléau cruel ! tu causes ma ruine !................. *Nf.*

Guidon.

Guidon sert en musique ainsi qu'au militaire.............. *Nm.*

Guidons les jeunes gens, formons-les à bien faire.......... *Vb;*

H.

Haie — hè.

Haie. (Voyez ce mot à l'article *Aie.*)..............

Haricot — hariko.

Haricot de mouton n'est guère sans navets.............. *Nm.*
Haricots et pois secs, du pauvre sont les mets............ *Nm.*

Haute — ôte.

Haute et fière Aglaé, vous verrez fuir l'Amour........... *A2.*
Hôte qui nous reçoit mérite du retour................. *Nm.*
Ote-toi donc un peu, tu caches tout mon jour........... *Vb.*

Hautesse — ôtèce.

Hautesse ou le grand Turc tient sa cour à la Porte......... *Nf.*
Hôtesse loge tout, pauvre ou riche, n'importe......... *Nf.*

Hérault — éro.

Hérault, rivière au Sud, est près de Montpellier.......... *Nm.*
Héraut d'armes n'est point sans costume guerrier......... *Nm.*
Héros tel que Titus, sans doute est le premier............. *Nm.*

Heur.

Heur et malheur, proverbe; il n'est qu'heur et malheur...... *Nm.*

Heure du temps qui fuit, coule pour mon bonheur!.......... *Nf.*

Heures, livre doré, conviennent aux dévotes............ *Nf.*

Heurt ou choc imprévu me jette dans les crottes.......... *Nm.*

Hier — ïièr.

Hier est loin de nous; profitons du présent................ *Ad.*

Hyères en Provence ont l'île du Levant................ *Nf.*

Hochait — oché.

Hochait-il de la tête? Eh bien! c'est un mutin.......... *Vb.*

Hochet, joujou d'enfant, fait rire Gilotin................ *Nm.*

Hom — on.

Hom! c'est le cri du porc qui grogne et qui s'enfuit.... *In.*

On hérite du crime en recueillant son fruit................ *Pn.*

Ont-ils semé du blé ? c'est le meilleur produit........ *Vb.*

Homard — omar.

Homard, grosse écrevisse, avance avec lenteur............ *Nm.*

Omar *, comme Attila, fut un grand destructeur....... *Nm.*

* Ce fameux exterminateur de l'espèce humaine, détruisit, dans un règne de dix années, trente-six mille villes ou places fortes, et fit périr plusieurs millions d'hommes. Ce fut ce brigand qui brûla la bibliothèque d'Alexandrie, dont les manuscrits servirent à chauffer les bains de la ville, durant six mois entiers. Cet Omar fut assassiné par un esclave nommé *Firouz*.

Homère — omèr.

Homère a célébré les héros du Scamandre............. *Nm.*

Omer, ou Saint-Omer, se trouve dans la Flandre.......... *Nm.*

O mère que j'adore ! ah ! que ton cœur est tendre !......... *Hf.*

Horion — orion.

Horion, rude tape, est un terme comique . . . . *Nm.*
Oh ! rions, mes amis, de la grande bourrique ! . . . . *Hv:*
Orion, une étoile au nord de l'Amérique . . . . *Nm.*

Hors — or.

Hors ce fat, on n'est rien ; il a tout en partage . . . . *Pr*
Or, hélas ! tu corromps le fou comme le sage . . . . *Nm.*
Ort se dit quand on pèse avec tout l'emballage . . . . *Ad*

Hui — ui.

Hui désigne en plaidant le jour même où l'on est . . . . *Ad*
Huis ou porte, vieux mot ; à huis clos on dînait . . . . *Nm.*
Huit cents écus tout ronds dérident plus d'un trait *A2:*

Humanité.

Humanité sensible, avec toi l'homme est tout ! . . . . *Nf.*

Humanités qu'on ſait forment l'esprit, le goût . . . . *Nf.*

Hune — une.

Hune, au haut du grand mât, sert à voir de très-loin . . . . *Nf.*

Une mère! ô mon fils! quel cœur! quel tendre soin! . . . . *A2.*

Hutte — utte.

Hutte ou pauvre cabane à tout vent est en butte . . . . *Nf.*

Ut, note pour chanter, est bien doux sur la flûte . . . . *Nm.*

I.

Ici.

Ici-bas il est plus d'épines que de roses . . . . *Ad*

Issy, près de Paris, a vu d'affreuses choses . . . . *Nm.*

Il.

Il faut garder sa foi; la parole est sacrée . . . . *Pn.*

Isle de Saint-Domingue est de mers entourée . . . . *Nf.*

Ille, rivière à Rennes, est ville aux Pyrénées . . . . *Nf.*

Immortel.

Immortel est celui qui ne saurait mourir . . . . *A2.*

Immortelle, une fleur à l'ami doit s'offrir . . . . *Nf.*

Inventaire — Invantère.

Inventaire est la salle où l'on vend mes effets . . . . *Nm.*

Inventèrent-ils tout? ils ont tous les secrets . . . . *Vb.*

Issu — içu.

Issu d'un père noble, agis donc noblement . . . . *A2.*

Issue est le succès de quelque événement . . . . *Nf.*

Issues sont les dehors de votre appartement . . . . *Nf.*

J.

Jacques — jake.

Jacques, pour m'obliger, au premier signe accourt . . . . *Nm.*

Jaque, des vieux Français était un habit court. . . . .

J'ai mis — jémi.

J'ai mis le pain au four; il est cuit, et je l'ôte I

Gémis, pleure à présent; hélas! c'est bien ta faute I

Jambon — janbon.

Jambon gras de Mayence est, dit-on, le meilleur. . . . . . . N

Jean Bon, des vers d'Horace est le commentateur. I

Jeton.

Jeton d'or ou d'argent sert à différens jeux. . . . . N

Jetons-nous sur l'herbette, et jouons tous les deux. I

J'eus — ju.

J'eus vraiment très-grand tort de me mettre en colère. I

Jus divin de Bacchus! qu'on m'en verse à plein verre! . . . . . . N

Joie — joé.

Joie et contentement passent toute richesse. . . . . N

Jouaït-il à la paume avec assez
d'adresse ? . . . . *Vb.*
Joüet qui sert d'amusette, est bon
pour la jeunesse . . . . *Nm.*

Jonchaie — jonchè.

Jonchaie où croît le jonc, est une
grenouillère . . . . *Nf.*
Jonchaït vient de joncher de fleurs
ou de fougère . . . . *Vb.*
*Jonchets** d'ivoire ou d'os rendent
la main légère . . . . *Nm.*

* On dit jouer aux *jonchets*, et non aux *onchets*.

Juda.

Juda d'une boutique est pour voir
en entrant . . . . *Nm.*
Judas vendit Jesus trente pièces
d'argent . . . . *Nm.*

K.

Kehl — kèl.

Kehl, château sur le Rhin, était au
prince Louis . . . . *Nm.*

Quels sont ceux que l'argent n'a jamais éblouis? .... *Pn*:

Quelle, etc. etc. Voy. à la lettre Q.

L.

La.

La meilleure finesse est d'aller en droiture .... *Ar*.

Là, c'est au fond du cœur qu'on connaît la nature .... *Ad*

L'a-t-il ce qu'il voulait? bientôt l'homme murmure ...... *Hv*.

La — lâ.

La, si, ut, ré, mi, sont des notes pour chanter .... *Nm*.

Lacs, filets pour l'oiseau, servent à l'arrêter .... *Nm*:

Las d'une longue route, il faut se reposer .... *A2*.

Labour.

Labour, pour la culture, a plus d'une manière .... *Nm*.

Laboure assidument, cultive bien la terre .... *Vb*.

Lac — lake.

Lac Léman, à Genève, est un grand amas d'eau . . . . *Nm.*

Laque, gomme ou vernis, dans la Chine est très-beau . . . . . . *Nm.*

Lacez — lacé.

Lacez donc le corset de la jeune Clarice . . . . *Vb.*

Lassez * - vous en marchant, prenez de l'exercice . . . . *Vb.*

* Ce second homonyme a l'*a* long, et celui du premier est bref.

L'accueil — lakeuil.

L'accueil qu'on fait aux gens est très-froid dans les cours . . *Hm.*

La cueille-t-on la rose ? elle pique toujours . . . . *Hv.*

L'accueille-t-on le pauvre ? il meurt sans nul secours . . . . *Hv.*

L'acquêt.

L'acquêt d'un bon terrain n'est jamais trop coûteux . . . . . . *Hm.*

Laquais ou serviteur, doit être bien soigneux . . . . *Nm.*

L'affaire — lafèr.

L'affaire va très-mal quand on n'a pas d'argent . . . . *Hf.*

La ferres-tu, la mule, au logis indigent ? . . . . *Hv.*

La faire bien, la paix, est un point nécessaire . . . . *Hv*

La Fère, en Picardie, est sur l'Oise et la Serre . . . . *Hf.*

Laiche — lèche.

Laiche est une herbe, un ver que gobent les poissons . . . . . . *Nf.*

Lèche ou morceau piteux convient aux polissons . . . . *Nf.*

Laid — lé.

Laid ou beau, c'est égal, lorsque l'homme est honnête . . . . . *A2.*

Lai, laïque s'entend ; sœur laie est sœur Annette . . . . *A2.*

Lais, baliveau qu'on laisse, est un arbre naissant . . . . *Nm.*

Lait, doux comme du miel, est un metsnourrissant . . . . *Nm.*

L'ait ; pour qu'on l'ait, l'argent, il faut se rendre utile . . . . *Hv.*

Laye, auprès de Paris, est un pays fertile.................... *Nm.*

L'aient; pour qu'ils l'aient, le prix, il faut qu'ils aient bien fait. *Hv.*

Legs, par un testament, est souvent un bienfait......... *Nm.*

Les sots sont ennuyeux, ils ne savent rien dire........... *Ar.*

Lez qui veut dire auprès, prend un *z* pour s'écrire....... *Pr*

Laide — lède.

Laide ou belle, tout passe à l'aide des pompons............ *A2.*

L'aide est beaucoup plus prompte avec des compagnons..... *Hf.*

Leyde, auprès d'Amsterdam, a cent cinquante ponts......... *Nf.*

L'ai — lé.

L'ai-je donc mérité, ce traitement injuste?................ *Hv.*

Lé, largeur de mon drap, doit être coupé juste........... *Nm.*

La lande.

La lande est un terrain sec, aride et pierreux.............. *Hf.*

Lalande connaît tout, et la terre Nm.
et les cieux............

L'amer — lamèr.

L'amer d'un gros poisson est un
fiel détestable........... Hm.
La mer, dans la tempête, est bien
épouvantable............ Hf.
La mère aime son fils, quand son
fils est aimable.......... Hf.

La-mi-la.

La-mi-la, pour l'accord, se demande en musique...... Nm.
L'a mis là t'offre ici quatre mots *
que j'explique........... Hv.

* 1°. *Le*, pronom relatif; 2°. *A*, verbe; 3°. *mis*, participe du verbe Mettre; 4°. *là*, adverbe.

L'an — lan.

L'an passé j'espérais..... je n'ai plus
d'espérance............. Hm.
Laon, au nord de Paris, eut des
ducs, pairs de France.... Nm.
L'en détournerez-vous, ce fou, de
ses projets?.............. Hpr.
Lent, long, lourd et pesant, on
n'arrive jamais........... A2.

L'appareil

L'appareil — lapareil.

L'appareil des grandeurs, n'est que fausse merveille..... *Hm.*

La pareille se rend toujours à la pareille................ *Hf.*

L'appareille a deux mots; il faut qu'on l'appareille......... *Hv.*

L'appel — lapèl.

L'appel, par le tambour rassemble les soldats.............. *Hm.*

L'appelle-t-on Cromwel, Robespierre ou Judas?........ *Hv.*

La pelle de mon feu sert bien dans le ménage.............. *Hf.*

La pèles-tu l'orange? il faut qu'on la partage.............. *Hv.*

Lard — lar.

Lard qui sert à larder, se réduit en lardons.............. *Nm.*

Lares, Dieux des Romains, protégeaient les maisons..... *Nm:*

L'art est utile en tout, et l'art veut des leçons................ *Hm.*

L'arme.

L'arme se dit fort bien de ce qui nous défend............. *Hf.*

Larmes sont les doux pleurs qu'Héloïse répand . . . . *Nf.*

La teigne — tègne.

La teigne et les teigneux sont toujours fort à craindre . . . . . *Hf.*

L'atteigne qui voudra; ce but peut-il s'atteindre ? . . . . *Hv.*

L'aveu.

L'aveu prompt d'une faute invite à pardonner . . . . *Hm.*

La veux-tu, notre estime ? il faut la mériter . . . . *Hv.*

L'avis — lavi.

L'avis est excellent, car il vient de Bonneau . . . . *Hm.*

La vie est pour le pauvre un horrible fardeau . . . . *Hf.*

Lavis rend bien plus net mon plan d'architecture . . . . *Nm.*

La vis-tu, Jeanne d'Arc, avec sa belle armure ? . . . . *Hv,*

L'avoir, — lavoâr.

L'avoir, la posséder, voilà ce que je veux . . . . *Hv.*

La voir, la contempler et la tenir sont deux . . . . *Hv.*

L'eau — lô.

L'eau de pluie est légére ; elle a plus d'un usage . . . . *Hf.*

Lods et ventes se dit ; c'était un bon partage . . . . *Nf.*

Lô, croix sainte, jadis fit jurer nos aïeux . . . . *Nm.*

L'os que l'on donne au chien le rend leste et joyeux . . . . . . *Hm.*

Lot de cent mille écus me rendrait fort heureux . . . . *Nm.*

Leçon.

Leçon que l'on apprend exerce la mémoire . . . . *Nf.*

Le son de la clochette appelle au réfectoire . . . . *Hm.*

Légalise — légalize.

Légalise un contrat en le faisant signer . . . . *Vb.*

Légalise a deux mots ; le, puis égaliser . . . . *Hv.*

L'enfant.

L'enfant au doux souris, retrace l'innocence . . . . *Hm.*

Lenfant, prédicateur, brilla par l'éloquence . . . . *Nm.*

Le Nôtre.

Le nôtre est bien à nous, n'importe sa valeur . . . . *Hpn.*
Le Nostre, des jardins fut grand décorateur . . . . *Nni.*

Les Arts — lèzar.

Les arts instruisent l'homme, et rien n'est plus utile . . . . . . *Hm:*
Lézard qui s'apprivoise, est un gentil reptile . . . . *Nm.*

Lesquels? — lèkel.

Lesquels choisissez-vous, des œillets ou des lys? . . . . *Pn:*
Lesquelles des deux sœurs? est-ce Hélène ou Laïs? . . . . *Pn:*

L'Est — leste.

L'Est, en géographie, est au soleil levant . . . . *Hm.*
Lest au fond du vaisseau, l'expose moins au vent . . . . *Nm.*
Leste, agile et dispos, un jeune homme est charmant . . . . . *A2.*

L'Eté — lété.

L'été, quel doux plaisir à l'ombre des berceaux! .... *Hm.*

Léthé, penche ton urne, et j'oublirai mes maux! .... *Nm.*

Leur.

Leur tête est fort légère, ainsi que leur science .... *Pn.*

Leurs propos sont hardis; quelle est leur impudence! .... *Pn.*

L'heure fatale sonne; adieu, ma chère Hortense! .... *Hf.*

Levain — levin.

Levain, pâte ou ferment, rend le pain plus léger .... *Nm.*

Le vin une fois bu, je brave tout danger .... *Hm.*

Le van.

Le van, tissu d'osier, sert à vaner mon grain .... *Hm.*

Levant le ton si haut, il lèverait la main! .... *Pe*

Le vent qui souffle fort, fait aller le moulin .... *Hm.*

Lice.

Lice, endroit où l'on court, m'offre aussi son écueil........ *Nf.*
Lisse comme un satin, l'étoffe plaît à l'œil................ *A2.*
Lis, fleur de nos jardins, symbolise l'orgueil............ *Nm.*

Lie — li.

Lie, au fond du tonneau doit demeurer tranquille........ *Nf.*
Lis les vers enchanteurs d'Horace et de Virgile........... *Vb.*
Lit mollet pour la nuit; pour souper un bon rôt.......... *Nm.*
L'y met-on aujourd'hui? — Quoi donc? — La poule au pot. *Had.*

Lieu.

Lieu m'exprime l'endroit où quelqu'un va se rendre........ *Nm.*
Lieue à courir la poste est éternelle en Flandre............. *Nf.*
Lieux où l'on va tout seul, sont aisés à comprendre...... *Nm:*

L'île — lile.

L'île grande ou petite, est au milieu de l'eau........... *Hf.*

Lille en Flandre renferme un superbe château . . . . *Nf.*

L'imite — limite.

L'imite-t-on souvent l'exemple vertueux? . . . . *Hv.*

Limite le pouvoir de l'homme ambitieux . . . . *Vb.*

Limites * bornent bien les champs de nos aïeux . . . . *Nm.*

* Le mot *limites* signifiant des bornes, s'emploie au pluriel.

Lion.

Lion, fier animal, souvent entre en furie . . . . *Nm.*

Lions-nous d'amitié, lions-nous pour la vie . . . . *Vb.*

Lyon, auprès du Rhône, a beaucoup d'industrie . . . . *Nm.*

Lire.

Lire, écrire et compter, cela sert tous les jours . . . . *Vb*

L'ire *, ou bien la colère est sotte et nuit toujours . . . . *Hf.*

* L'*ire* s'emploie encore dans la haute poésie.

Lyre d'Anacréon, tu chantas les amours . . . . *Nm.*

Lisons — Lizon.

Lisons un joli conte ou quelque historiette? . . . . *Vb:*
Lizon dormait un jour avec sa sœur Lizette . . . . *Nf.*

Loch — lok.

Loch d'un vaisseau sur mer mesure la vîtesse . . . . *Nm.*
Lok qu'on donne au malade indique sa détresse . . . . *Nm.*
Loke, fameux génie, est un auteur anglais . . . . *Nm.*
Loque ou long guenillon pend aux vieux mantelets . . . . *Nf.*

Loche.

Loche est un bon poisson, qui vit dans plus d'une eau . . . . . . *Nf.*
Loches, d'Agnès Sorel renferme le tombeau . . . . *Nf.*

Loir — loâr.

Loir, avec la marmotte a quelque ressemblance . . . . *Nm.*

Loire est un très-beau fleuve au milieu de la France...... *Nf.*

L'on — lon.

L'on dit le plus souvent ce que l'on ne sait pas........... *He.*

Long et très-paresseux, il muse à chaque pas.............. *A2.*

L'ont-ils enfin subi le moment du trépas?................ *He.*

L'hopital — lopital.

L'hopital est l'endroit où l'on place les foux................ *Hm.*

Lospital des tyrans affronta le courroux............... *Nm.*

L'or — lor.

L'or se fait jour partout, car l'or est corrupteur........... *Hm.*

Lord est seigneur anglais; et mylord, monseigneur.............. *Nm.*

Lors * du bon roi Henri, Sully fit son bonheur............ *Ad*

* L'*s* de ce mot ne se fait sentir que quand *lors* est suivi de *que* (*lorceque*).

Loue — lou.

Loue un homme prudent et blâme l'éventé................. *Vb.*

Loup au bois, loup en ville, et loup
de tout côté. . . . . *Nm.*

L'ouvre.

L'ouvre-t-on sans danger son cœur
à des gens traîtres ?. . . . . . . *Hv.*
Louvre, palais superbe ! où sont tes
anciens maîtres ?. . . . . *Nm.*

Luc — luke.

Luc est un fort grand saint, car il
évangélise. . . . . *Nm.*
Lucque, dans l'Italie, est au nord-
est de Pise. . . . . *Nf.*

Lui.

Lui, je le connais bien ; c'est un
fort galant homme. . . . . *Pn.*
Luit-il enfin le jour ? allons, partons pour Rome. . . . . *Vb.*

Lumière.

Lumière d'un flambeau nous guide
sur la route. . . . . *Nf.*
Lumières de l'esprit dissipent notre
doute. . . . . *Nf.*

Lundi.

Lundi suit le dimanche, et l'ouvrier
va boire. . . . . *Nm.*

L'un dit oui, l'autre non ; lequel
faut-il donc croire ? ..... *Hv.*

L'une — lune.

L'une des deux sœurs rit, mais
l'autre est bien sauvage...*Hpn.*
Lune, flambeau des cieux, éclaire
mon bocage .... *Nf.*

Lut — lutte.

Lut à boucher un vase est un très-
bon enduit .... *Nm.*
Luth est un instrument qui plaît
et réjouit .... *Nm.*
Lutte, défends-toi bien, écrase le
bandit .... *Vb.*

Lycée — licé.

Lycée est un endroit où vont les
beaux esprits .... *Nm.*
Lissez, rendez plus doux le papier
où j'écris .... *Vb.*

M.

M'a-t-on.

M'a-t-on vu ? t'a-t-on cru ? l'a-t-on
mis en prison ? .... *Hv.*

Matons vient de mater, réduire un polisson . . . . *Vb.*

Ma.

Ma véritable mère est celle qui m'allaite . . . . *Pn.*

M'a-t-elle assez parlé ? l'ennuyeuse caillette ! . . . . *Hv.*

M'as-tu rendu mon prêt, toi, qui veux que je prête ? . . . . . . *Hv.*

Mai — mè.

Mai, beau mois du printemps, m'encourage à l'étude . . . . *Nm.*

Mais oui, mais non ; lequel ? . . . cruelle incertitude ! . . . . . . *Cn*

M'ait ; qu'il m'ait détrompé, ce fripon, j'y croirai . . . . *Hv.*

Mes biens me sont ravis, je crois que j'en mourrai . . . . *Pn.*

Mets délicats sont chers, excepté pour le riche . . . . *Nm.*

Met-on les gens en place, et les saints dans leur niche ? . . . *Vb.*

Mail — Maille.

Mail, gros bâton ferré, veut un bras vigoureux . . . . *Nm.*

Maille, annelet de fer, couvrait nos anciens preux . . . . *Nf.*

M'aille est au conjonctif; que l'habit m'aille mieux......... *Hv.*

M'aimes — même.

M'aimes-tu; mon ami? moi, je t'aime toujours.......... *Hv.*

Même aux pronoms Moi, Toi, se joint dans le discours.... *Cn*

Mêmes, seigneur d'Avaux, plut à toutes les cours.......... *Nm.*

Main — min.

Main qui donne est bien rare au siècle où nous vivons.... *Nf.*

Maint * veut dire un grand nombre; Oh! je vois maints fripons! *A2.*

Mein, quand il est glacé, peut porter des canons....... *Nm.*

* Ce mot vieillit; mais on dit encore *maint* et *maint*, *mainte* et *mainte*.

Maine — mène.

Maine où coule la Sarthe, est un joli canton.............. *Nm.*

Mène donc mieux ton char, et pense à Phaëton.............. *Fb.*

Maintenon.

Maintenon, par l'esprit, parvint aux plus hauts rangs .... *Nf.*
Maintenons mieux nos droits, et chassons les tyrans .... *Vb:*

Maire — mer.

Maire est un magistrat qu'on répute pour sage .... *Nm.*
Mère tendre nourrit ses enfans en bas âge .... *Nf.*
Mer, tombeau des humains, que je crains ton passage ! .... *Nf.*

Maire d'Eu.

Maire d'Eu fut, dit-on, un gros apothicaire .... *Hm.*
M....x, je vous le jure, est au vocabulaire .... *A2.*
Mère d'eux et de nous est aussi votre mère * .... *Nf.*

* *Salve sancta parens, ô terra,* etc. etc.

Maître — mètre.

Maître qui t'instruit bien, te vaut un second père .... *Nm.*

M'être utile à mon tour, il le faut
bien, mon frère........ *Hv*

Mal — malle.

Mal et bien tour-à-tour, c'est là
notre partage........... *Ad*
Malle où l'on met mon linge est
utile en voyage.......... *Nf.*

Manda.

Manda vient de mander, d'Angleterre ou de France....... *Vb.*
Mandat pour me payer : ah ! la
bonne ordonnance !..... *Nm.*

Manes — mâne.

Manes d'illustres morts, combien
je vous révère !.......... *Nm.*
Manne, drogue sucrée, est bonne
et salutaire............. *Nf.*

Mante.

Mante ou manteau de femme a
plus d'un avantage...... *Nf.*
Mantes, près de la Seine, offre un
beau paysage........... *Nf.*
Mente vient de mentir ; on abhorre
un menteur............. *Vb.*

Menthe, pour la pastille, a beaucoup de saveur........... *Nf.*

Maraud — marô.

Maraud ou vil fripon, de nos jours est fréquent.............. *Nm.*

Marot est un auteur naïf et très-plaisant................. *Nm.*

Marc — mar.

Marc, poids d'argent, se dit aussi pour l'or qui brille......... *Nm.*

Mare d'eau plaît beaucoup au canard qui nasille.......... *Nf.*

Marchand — marchan.

Marchand qui nous engage, est presque sûr de vendre.... *Nm.*

Marchant nu-pieds, le pauvre a grand'peine à se rendre... *Pe.*

Marché.

Marché que l'on fréquente enrichit le marchand............ *Nm.*

Marchez bien, mon petit, vous deviendrez plus grand.... *Vb.*

Mari.

Mari bien complaisant est chéri de sa femme............. *Nm.*

Marie est bonne fille, elle sert bien
madame . . . . *Nf.*

Marri, triste et dolent porte le
deuil dans l'ame . . . . *Nm.*

Martyr — martir.

Martyr est de la foi le plus sûr
fondement . . . . *A2.*

Martyre signifie un horrible tour-
ment . . . . *Nm.*

Maux — mô.

Maux est plûriel de mal; que de
maux dans la vie! . . . . . . *Nm:*

Meaux, ville sur la Marne, est, je
crois, dans la Brie . . . . *Nm.*

Mot gai que je hasarde est par plai-
santerie . . . . *Nm.*

Médit-on.

Médit-on des absens? cherchons
à les défendre . . . . *Hpn*

Méditons, pensons bien aux devoirs qu'il faut rendre . . . . *Vb:*

Même nom.

Même nom et même air... Ah! c'est
lui trait pour trait . . . . *Hm.*

Memnon ou sa statue au soleil résonnait . . . . *Nm.*

Mentant — mantan.

Mentant comme tu fais, tu n'es qu'un imposteur . . . . *Pe*
M'entends-tu, quand je parle ? obéis, raisonneur ! . . . . . . *Hv.*

Menton — manton.

Menton, couvert de barbe, annonce un vieil hermite . . . . *Nm.*
Mentons, dit le menteur ; c'est là tout son mérite . . . . *Vb:*

Messe — Mèce.

Messe et Vêpres qu'on dit, font fuir les protestans . . . . *Nf.*
Metz, près de la Moselle, a des forts importans . . . . *Nm.*

M'est-on — mèton.

M'est-on venu chercher quand j'étais au Texel ? . . . . *Hm.*
Met-on fort bien ensemble et le sucre et le sel ? . . . . *Hpn*
Mettons monsieur Paillasse avec Polichinel . . . . *Vb:*

Mètre.

Mètre vient d'un mot grec ; il sert à mesurer. . . . . *Nm.*

Mettre la poule au pot, c'est fort bon pour dîner. . . . . *Vb*

M'eut — mû.

M'eut ; dès qu'il m'eut parlé, je reconnus un sot. . . . . *Hv.*

M'eût-on porté secours sans proférer un mot ? . . . . *Hv.*

Mû, mis en mouvement, le marteau bat l'enclume. . . . . . *Pe.*

Mue où je mets la poule, a toujours quelque plume. . . . . *Nf.*

Mi.

Mi-juin, mi-août se dit pour le milieu du mois. . . . . *A2.*

Mie ou bonne d'enfant, doit être sans patois. . . . . *Nf.*

Mit-il contre son œil sa petite lorgnette ? . . . . *Vb.*

M'y visiterez-vous, dans cette maisonnette ? . . . . *Had*

Mil — mille.

Mil huit cent cinq verra la fin de cette guerre. . . . . *A2.*

Mille et mille nigauds parlent beaucoup sans faire . . . . *Av.*

Milort — milor.

Milort, sans nul venin, c'est le nom d'un serpent . . . . *Nm.*

Mylord, en Angleterre, est un seigneur puissant . . . . *Nm.*

Minait — miné.

Minait-on le château ? minait-on sous les tours ? . . . . *Vb.*

Minet, mon petit chat, me caresse toujours . . . . *Nm.*

Mire.

Mire-toi, petit fat ; le bel objet à voir ! . . . . *Vb.*

Mirent-elles un schal par-dessus leur mouchoir ? . . . . *Vb.*

Myrrhe, encens, doux parfum, fume dans l'encensoir . . . . *Nf.*

Moi — moá.

Moi, du pauvre souffrant je plains la destinée . . . . *Pn.*

Mois, qui fait trente jours, commence chaque année . . . . *Nm.*

Mon.

Mon sort est fort à plaindre ; on
m'a fait banqueroute..... *Pn.*
M'ont-ils mieux éclairé ? ma foi,
je n'y vois goutte........ *Hv:*
Mont d'Or, près de l'Auvergne, a
bien plus d'une route.... *Nm.*

Montagne.

Montagne du Calvaire admira Je-
sus-Christ............... *Nf.*
Montaigne est un auteur plein de
sens et d'esprit.......... *Nm.*

Montan.

Montan, grand imposteur, passa
pour un prophète....... *Nm.*
Montant trop haut l'on tombe, et
l'on se rompt la tête..... *Pe*
Mon temps fuit; je retourne au fond
de ma retraite........... *Hm.*

Montée — monté.

Montée haute et fort rude, est
comme un précipice..... *Nf.*
Montez pour voir le nain, le moment est propice......... *Vb:*

Mon thé me brûle... hola!... j'attends qu'il refroidisse...... *Hm.*

Mord — mor.

Mord-il ton petit chien? qu'il reste à la maison............. *Vb.*

More * suivit son père au fond de sa prison.............. *Nf.*

Mores, peuples d'Afrique, envahirent l'Espagne......... *Nm.*

Mors est un frein puissant que la bride accompagne....... *Nm.*

Mort! tu nous prends partout, à la ville, en campagne!... *Nf.*

* Le plus beau trait de piété filiale dont il soit fait mention dans les fastes de l'histoire, c'est celui de la jeune *Marguerite More*, fille du grand chancelier d'Angleterre, sous Henri VIII. On peut en voir le récit dans *mes beaux exemples de piété filiale.*

Mou.

Mou, lâche, indifférent, on reste toujours gueux......... *A2.*

Mouds ton café, ma fille, et déjeûnons tous deux.......... *Vb.*

Moue, est ce qu'un enfant ſait,
privé de sa poire........ *Nſ.*
Moult veut dire beaucoup, dans
mainte vieille histoire.... *Ad*
Moût, pendant la vendange, est un
jus doux à boire........ *Nm.*

Mouron.

Mouron vert rafraîchit l'oiseau de
Canarie.............. *Nm.*
Mourons! — Je le veux bien;
montrez-moi la patrie.... *Vb:*

Mule.

Mule est une chaussure, une bête
de somme.............. *Nſ.*
Mules, mal au talon, font boîter
le pauvre homme....... *Nſ:*

Munir.

Munir un château fort ne se peut
sans soldats............. *Vb*
M'unir avec Hortense est un sort
plein d'appas........... *Hv*

Mur.

Mur épais et bien haut est bon
pour l'escalade......... *Hm.*

Mûr ou non, l'artichaut se mange à la poivrade............ *A2.*

Mûre de nos mûriers de Pyrame est le fruit............. *Nf.*

M'eurent vu * prend trois mots, dont on voit le produit... *Hv:*

* Cet homonyme produit trois mots; 1°. *Me*; 2°. *Eurent*; 3°. le participe *Vu*, qui vient du verbe Voir.

Musc — musk.

Musc est une odeur forte, un petit animal................. *Nm.*

Musquent-ils leurs habits?... on se trouverait mal........... *Vb:*

N

Naître — nètre.

Naître pour souffrir tant, autant vaut ne pas être......... *Vb*

N'être rien, n'avoir rien, que nous sert-il de naître?......... *Hv*

Nait — nè.

Naît-on? on crie, on pleure, on souffre dans la vie........ *Vb.*

N'es-tu

N'es-tu pas trop heureux près d'une sage amie ? . . . . *Hv.*

N'est-il pas un vrai fou de tenter ce projet ? . . . . *Hv.*

Net, tout net, je le dis ; c'est un mauvais sujet . . . . *Ad*

N'ai — né.

N'ai-je pas deviné ? n'ai-je pas su prévoir ? . . . . *Hv.*

Né d'hier, l'étourdi, le sot croit tout savoir . . . . *Pe.*

Nez long comme une andouille est assez drôle à voir . . . . *Nm.*

N'avait — navè.

N'avait-il rien à faire ? ah ! le vilain musard ! . . . . *Hv.*

Navets au roux sont bons avec un gros canard . . . . *Nm:*

Négligeant — néglijan.

Négligeant tout le monde, alors chacun vous laisse . . . . *Vb*

Négligent a toujours quelques grains de pare.se . . . . *A2.*

Néron.

Néron, fils d'Agrippine, est un monstre, un barbare . . . . *Nm.*

Nez rond, plat ou camus, n'est pas chose bien rare.......... *H2.*

Nèthe — nette.

Nèthe, au nord-est de Gand, a sa sœur la rivière........... *Nf.*

Nette et claire s'entend d'une belle lumière................. *A2.*

Nid — ni.

Nid de jeunes pinsons se déniche en été.................... *Nm.*

Nie à présent un fait que nul n'a contesté................ *Vb.*

Ni vous, ni lui, ni moi, ne craignons l'Angleterre........ *Cn*

N'y pensons plus, messieurs, le projet est à terre......... *Had*

Ni non.

Ni non, ni oui, tiendraient mon esprit en suspens......... *Hcn*

Ninon fut tout aimable et fixa mille amans................ *Nf.*

Noie — Noé.

Noie enfin tes soucis, et nargue toute brigue............. *Vb.*

Nouait vient du verbe Nouer un ruban, une intrigue..... *Vb.*

Noix — noá.

Noix, dans une coquille, est le fruit du noyer.......... *Nf.*

Noua, passé défini; l'infinitif est nouer.................. *Vb.*

Nom — non.

Nom cher aux vrais amis, c'est bien celui d'Oreste........... *Nm.*

Non et oui sont en guerre, et toujours on conteste....... *Cn*

N'ont-ils pas tout volé? Rien, hélas! ne nous reste!........... *Hv:*

None.

None, office d'église, a des cantiques saints............ *Nf.*

Nonne, religieuse, est parmi les nonnains............... *Nf.*

Nones étaient des jours chez les anciens Romains......... *Nf:*

Nourrice — nourice.

Nourrice d'un enfant doit être jeune et fraîche.......... *Nf.*

Nourrissent-ils mes bœufs? qu'ils garnissent la crêche *.... *Vb:*

* On appelle *crêche* la mangeoire des bêtes de somme.

Noyé — noèyé.

Noyé, mort dans les eaux, nageait dans la rivière.......... *Pc.*

Noyer, couvert de noix, se gaule à coups de pierre......... *Nm.*

Noyon.

Noyon, près de Compiègne, a vu naître Calvin............ *Nm.*

Noyons les noirs soucis dans un grand broc de vin....... *Vb:*

Nu.

Nu, tout nu comme un ver, tel est l'homme en naissant.. *A2.*

Nue épaisse épouvante au nord comme au couchant..... *Nf.*

N'eût-on qu'un seul écu, que l'on soit bienfaisant.......... *Hv.*

Nuis — nui.

Nuis.... non, ne nuis jamais; fais le bien que tu peux....... *Vb.*

Nuit! que tu sembles longue aux pauvres malheureux!..... *Nf.*

Nuitz produit du bon vin; qui rend le cœur joyeux..... *Nm.*

O.

Obliger — oblijé.

Obliger des ingrats, c'est embaumer des morts.......... *Vb*

Obligé de valoir, on vaut par des efforts.................. *Pe.*

OEuvre — Evre.

*Œuvre** de bienfaisance, est bien au singulier.............. *Nf.*

Œuvres, parlant d'écrits, ne se dit qu'au pluriel........... *Nf.*

* En parlant d'un recueil de gravures ou de musique, le mot *œuvre* se dit bien au singulier, mais alors il est masculin. Quand il s'agit des *œuvres* d'un auteur, ce mot se dit au pluriel féminin. J'ai toutes les *œuvres* de Voltaire.

Oing — ouïn.

Oing vieux, graisse de porc, a très-mauvaise odeur........... *Nm.*

Oint est bien frotté d'huile; on dit l'Oint du Seigneur....... *A2.*

Olivette.

Olivette, une plante, est commune en Grenade............. *Nf.*

Olivettes *, sauts, danse avec mainte parade.................. *Nf.*

* Lorsque l'on cueille les olives en Provence, on fait la danse des *Olivettes*.

Ombre.

Ombre suppose un corps; il me suit, c'est mon ombre.......... *Nf.*

Hombre, qui vient d'Espagne, est un jeu qui se nombre.... *Nm.*

On.

On. Voyez la lettre *H*, au mot *Hom.*

On a — on na.

On a beaucoup encor quand il reste un ami!............ *Hv.*

On n'a jamais rien fait lorsqu'on fait à demi.............. *Hv.*

On naît — on né.

On naît, on souffre, on meurt; voyez la belle avance!.... *Hv.*

On est toujours fort sot quand on est sans finance............ *Hv.*

On n'est jamais heureux en manquant de prudence........ *Hv.*

Oral.

Oral, voile du Pape, est d'usage à l'Eglise . . . . *Nm.*

Orale, par la bouche, une chose est transmise . . . . *A2.*

Ou.

Ou. Voyez la lettre *A*, au mot *Août.*

Oubli.

Oubli de l'ordre, hélas ! nous cause bien des maux ! . . . . *Nm.*

Oublie est un croquet moins fort que les gâteaux . . . . *Nf.*

Oui

Oui, se dit pour avoir; et non, lorsque l'on doit . . . . *Cn*

Ouie est pour bien entendre, et par la vue on voit . . . . *Nf.*

P.

Padou.

Padou, tissu de fil, est un petit ruban . . . . *Nm.*

Padoue, au nord de Rome, est chef-lieu du Padouan . . . . *Nf.*

Pain — pin.

Pain de blé qui nourrit, coûte de grands travaux......... *Nm.*

Peints en huile, toujours les portraits sont plus beaux.... *Pe:*

Pin, arbre toujours vert, se plaît sur les coteaux............. *Nm.*

Panneau — panô.

Panneau, filet subtil, se tend sous la fougère.............. *Nm.*

Paonneau, le fils du paon, est sot comme son père......... *Nm.*

Pair — Pèr.

Pair et bon compagnon, on s'en aime bien mieux......... *A2.*

Paire de gants tout blancs en forme toujours deux........... *Nf.*

Père, qui nous instruit, est un ami bien tendre.............. *Nm.*

Perd-on son temps, mon fils, dès-lors qu'on veut apprendre? *Vb.*

Pais — pè.

Pais, conduis tes moutons dans un gras pâturage......... *Vb.*

Paix donc!... je vais punir celui qui n'est pas sage......... *In*

Pet, excusez le mot, ne sort point sans tapage............. *Nm.*

Palais — palè.

Palais du Luxembourg, des Grands ſut la demeure.......... *Nm.*

Palet, qu'on jette au but, peut t'amuser une heure......... *Nm.*

Paon — pan.

Paon, oiseau sot et fier, peint bien les orgueilleux........... *Nm.*

Pan d'un large manteaù me couvrirait bien mieux........ *Nm.*

Pends-toi, brave Crillon ; plains ton sort malheureux..... *Vb.*

Pance.

Pance d'un gros gourmand est longue à se remplir.......... *Nf.*

Panse donc ces blessés, tâche de les guérir................ *Vb.*

Pense à ce que tu fais, et pense avant d'agir................. *Vb.*

Pansez — pancé.

Pansez bien ces blessés, car ils sont pleins de cœur............ *Vb.*

Pensai-je alors assez, pour éviter l'erreur ?............... *Vb.*

Pensée, opinion ; le tyran la redoute................ *Nf.*

Penser me sert beaucoup, pour éclaircir mon doute..... *Vb*

Pensez-y ; nous partons, disposez votre route............. *Vb:*

Par.

Par l'esprit on nous plaît, mais il faut du bon sens........ *Pr*

Pare-toi, c'est fort bien, mais non à mes dépens........... *Vb.*

Part d'un très-gros gâteau me plaît mieux fait en pommes... *Nf.*

Parts et ne reviens plus dans l'endroit où nous sommes.... *Vb.*

Paraisse — parèce.

Paraisse au conjonctif, vient du verbe paraître........... *Vb.*

Paresse, vice affreux ! connais-tu le bien-être ?............ *Nf.*

Par an — paran.

Par an de chaque rente on reçoit le montant............. *Hm.*

Parant sa marchandise on séduit le chaland . . . . *Pe*

Parent riche devrait secourir son parent . . . . *Nm.*

Parante.

Parante ou qui sied bien, c'est l'étoffe jolie . . . . *A2.*

Parente, c'est ma nièce ou bien ma sœur Julie . . . . *Nf.*

Parc — parke.

Parc est un vaste enclos souvent rempli de bois . . . . *Nm.*

Parque bien tes moutons pendant quatre on cinq mois . . . . . *Vb.*

Parques, divinités, sont au nombre de trois * . . . . *Nf:*

* *Clothon*, qui tient la quenouille; *Lachésis*, qui tourne le fuseau; et *Atropos*, qui tranche le fil avec de grands ciseaux.

Pari.

Pari, gageure; un fou n'hésite pas d'en faire . . . . *Nm.*

Parie au moins cinq sous, que je fais cette affaire . . . . *Vb.*

Paris, séjour des arts, a tout pour satisfaire . . . . *Nm*

Parti.

Parti que l'on doit prendre, il faut bien y songer . . . . *Nm.*

Partie et non pas tout, car on doit partager . . . . *Nf.*

Partit-il le fripon ? le vit-on déguerpir ? . . . . *Vb.*

Partît, à l'imparfait, vient du verbe Partir . . . . *Vb.*

Par tout — partou.

Par tout ce que l'on dit jugez des vains propos . . . . *H2.*

Partout, en haut, en bas, on ne voit que des sots . . . . *Ad*

Pause — pôse.

Pause dans la lecture importe et la rend belle . . . . *Nf.*

Pose ton pied bien droit, pour monter à l'échelle . . . . *Vb.*

Pat — patte.

Pat *, au jeu des échecs, embarrasse le roi . . . . *Nm.*

* Être *pat* au jeu des échecs, c'est ne pouvoir plus jouer sans mettre son roi en prise.

Patte du chat qui flatte égratigne parfois . . . . Nf.

Pâté.

Pâté froid est fort bon, s'il est de faisandeaux . . . . Nm.

Pâtée avec du foie, c'est pour les animaux . . . . Nf.

Paul — pôle.

Paul est un bel enfant; il fait tout avec grace . . . . Nm.

Pôle, ou le bout du monde, est une mer de glace . . . . Nm.

Pau — pô.

Pau *, ville du Béarn, a vu naître un grand-homme . . . . Nm.

Peau d'âne fait dormir; ce conte nous assomme . . . . Nf.

Pô, fleuve d'Italie, est près du Mont-Viso . . . . Nm.

Pot de nuit, pot à boire; il est bien plus d'un pot . . . . Nm.

* Henri IV, le meilleur et le plus grand des princes, naquit à *Pau*, sur le Gave, le 13 décembre 1557.

Péché.

Péché que l'on avoue est moitié pardonné .... *Nm.*

Pêcher, dès le printemps est de fleurs couronné .... *Nm*

Péchez le moins possible, et dompez la paresse .... *Vb:*

Pêchez-nous du goujon, pour dîner cela presse .... *Vb:*

Pène.

Pène de la serrure avance en le tournant .... *Nm.*

Peine amère ! ô chagrin ! restez chez le méchant .... *Nf.*

Peinent-ils donc assez en labourant leur champ ? .... *Vb:*

Peint—pinte.

Peint en vert, un kiosque a toujours plus d'attrait .... *Pe.*

Peinte en rouge, une salle a l'air d'un cabaret .... *Pe.*

Pinte avec la chopine.... oh ! cela griserait .... *Nf.*

Perçant—pérçan.

Perçant le gros tonneau, ayez l'œil à mon vin .... *Pe*

Persan, né dans la Perse, est souvent fier et vain.......... *Nm.*

Perce — pèrce.

Perce un tonneau de cidre, et ne prends point le pire..... *Vb.*

Perse, où règne un sophi, déploie un grand empire........... *Nm.*

Peu.

Peu parler, c'est le mieux; il faut savoir se taire............ *Ad*

Peut-on rendre service? on ne veut plus le faire............. *Vb.*

Peux-tu parler ainsi! tu n'es qu'un téméraire.............. *Vb.*

Pic — pike.

Pic, instrument de fer, soulève des fardeaux............... *Nm.*

Pique un peu ta bourrique, et monte le coteau......... *Vb.*

Picard — pikar.

Picard, qui sort d'Amiens, est vif, mais d'un bon cœur..... *Nm.*

Picart fut un habile et très-fameux graveur................ *Nm.*

Pie.

Pie, oiseau très-bavard, est aussi
fort larron . . . . *Nf.*

Pis *; c'est de pis en pis dans ce
triste canton . . . . *Ad*

* *Pis* veut dire plus mal, et *pire* signifie plus mauvais. Le premier est applicable à la chose, et le second à la personne.

Pieu.

Pieu qu'on enfonce en terre, est
pour mes palissades . . . . . . *Nm.*

Pieux et charitable, il secourt les
malades . . . . *A2.*

Pilori.

Pilori tient l'infâme et le banque-
routier . . . . *Nm.*

Piloris, petit rat, que le chat court
épier . . . . *Nm.*

Pinçon.

Pinçon est un bobo qu'on fait en
se pinçant . . . . *Nm.*

Pinson, petit oiseau, plaît par son
joli chant . . . . *Nm.*

Pensum * au paresseux se donne en châtiment . . . . Nm.

* Prononcez *pinson*, comme l'Académie, et non *pein-somme*, comme Richelet.

Pitt.

Pitt *, comte de Chatam, fut un profond penseur . . . . Nm.

Pitte, ancienne monnaie, est de mince valeur . . . . Nf.

* Guillaume *Pitt*, ministre d'Angleterre et pair du royaume, fut enterré, aux frais de la nation, dans l'Eglise de Westminster, en 1778, parmi les rois de la Grande-Bretagne.

Plaid — plè.

Plaid sert bien à la cause où l'innocent se fonde . . . . Nm.

Plaie, au fond de mon ame, est cachée et profonde . . . . Nf.

Plaît-on sans prévenance et sans soin pour le monde ? . . . . . Vb.

Plain — plin

Plain-chant, note à chanter, m'approche du lutrin . . . . Nm.

Plein verre et plein à ras, dissipe mon chagrin............ *A2.*

Plaint-il quelqu'un celui qui n'a besoin de rien?.......... *Vb.*

Plaine — plène.

Plaine d'Ivri, jadis tu vis tomber Mayenne............... *Nf.*

Pleine ou vide se dit ſort bien d'une fontaine........... *A2.*

Plainte — plinte.

Plainte se reçoit bien, mais non pas le murmure........... *Nf.*

Plinthe est un ornement dans notre architecture............. *Nf.*

Plan.

Plan d'un beau bâtiment doit être régulier................. *Nm.*

Plant de vigne est ſécond, sur-tout en espalier............. *Nm.*

Pleure — plere.

Pleure; c'est bien ta ſaute; il ſallait m'écouter.............. *Vb.*

Pleurs, coulez pour mon fils, que je dois regretter! .... *Nm:*

Pli.

Pli que prend une étoffe est selon
qu'on la ploie........... *Nm.*
Plie est un poisson plat qu'à Paris
on envoie............... *Nf.*

Plu.

Plu, verbe au participe; il a plu,
c'est humide............ *Pe*
Plus l'homme a, plus il veut, car
il est fort avide........... *Ad*
Plut-elle, cette enfant, par l'indo-
cilité ?................ *Vb.*
Plût; il faudrait qu'il plût davantage en été............... *Vb.*

Plumait — plumé.

Plumait-elle l'oison ou quelque
dindonneau ?........... *Vb.*
Plumet blanc, jaune et bleu, sied
bien sur un chapeau..... *Nm.*
Plumets * dits de Pilote, au vent
flottent sur l'eau......... *Nm.*

* On appelle *plumets de pilote* un morceau de liége garni de grandes plumes, que l'on jette à la mer pour voir d'où le vent souffle.

Plus vieux.

Plus vieux, censé plus sage, on doit mieux se conduire........ *H2.*
Pluvieux, humide et froid, l'hiver ne fait point rire......... *A2.*

Plut-on — Pluton.

Plut-on jamais au monde avec l'humeur chagrine?..........*Hpn.*
Pluton, roi des Enfers, enleva Proserpine.................. *Nm.*

Poids — poá.

Poids qui sert à peser, diffère en pesanteur............... *Nm.*
Pois nouveaux, des pois verts, sont chers dans la primeur. *Nm:*
Pouah! le vilain malpropre! il nous fait mal au cœur!....... *In*

Poind — poucein.

Poind vient du verbe poindre; on en fait peu d'usage...... *Vb.*
Poing fermé qui menace, annonce du tapage............... *Nm.*
Point d'argent au logis, c'est le diable en ménage......... *Ad*

Poiré.

Poiré semble plus doux que le jus
de la treille............. *Nm.*
Poirée, herbe qu'on cueille, adou-
cit bien l'oseille......... *Nf.*

Pompée — ponpé.

Pompée, après sa mort, fut pleuré
par César.............. *Nm.*
Pompez le suc des fleurs, formez
un doux nectar.......... *Vb.*

Pond — pon.

Pond-elle tous les jours la petite
poulette?.............. *Vb.*
Pont de pierre est solide, on y passe
en charrette........... *Nm.*

Porc — pore.

Porc *, qui fait fuir les juifs, graisse
bien mon potage......... *Nm.*
Pore, aux humeurs du corps fraie
un petit passage......... *Nm.*
Port de mer le plus sûr doit craindre le naufrage.......... *Nm.*

* Le *c* de *porc* ne se fait sentir
que dans le *Porc-épic*.

Pou.

Pou qui nous fait horreur, du pauvre est la vermine....... Nm

Pouls qu'on tâte, est bien fort quand la fièvre nous mine...... Nm

Pouce.

Pouce est le plus gros doigt du pied ou de la main....... Nm

Pousse un peu ton haquet, tu jureras demain............ Vl

Pour tant.

Pour tant, pour certain prix, on me vendrait l'Empire.... Ha

Pourtant ou néanmoins nous choisissons le pire............ C

Précis — préci.

Précis, en peu de mots, un discours vaut bien mieux... A:

Pressis, ou jus de viande, est un mets très-coûteux....... Nn

Prémices.

Prémices, premiers fruits, servent bien pour l'offrande..... N

Prémisses de logique affirment ma demande.............. N

Près — prè.

Près de me décider, je balance, je doute . . . . *Pr*

Prêt d'argent, c'est sottise; on nous fait banqueroute . . . . *Nm*.

Prêts à partir, nos gens sont déjà sur la route . . . . *A2*.

Présidant — prézidan.

Présidant aux débats, il faut beaucoup de tête . . . . *Pe*

Président d'un conseil fait droit à ma requête . . . . *Nm*.

Prêtant.

Prêtant tous mes écus, l'intérêt doit me rendre . . . . *Pe*

Prétends-tu, réponds - moi, prétends-tu donc tout prendre? *Vb*.

Préteur.

Préteur ou magistrat rendait justice à Rome . . . . *Nm*.

Prêteur sur gage sûr peut prêter une somme . . . . *Nm*.

Priam — prian.

Priam fut massacré par Pyrrhus autrefois . . . . *Nm*.

Priant avec constance on obtient quelquefois . . . . *Pe*

Prie — pri.

Prie attentivement, ſais à Dieu ta prière I

Pris la main dans le sac, que sert ta gibecière ? . . . .

Prit-on le bon parti dans cet événement ? I

Prix qu'on donne aux efforts sert d'encouragement . . . . N

Prima.

Prima vient de primer, par brigue ou par science I

Primat sur les abbés a la prééminence . . . . N

Prométhée — promété.

Prométhée est en proie à de cruels vautours . . . . N

Promettez rarement ; oui, mais tenez toujours I

Prou.

Prou, beaucoup, mot ancien : prou d'absinthe est amère* . . . .

* Ce n'est point le mot *prou* qui commande ici la concordance, mais bien le mot *absinthe* (en dose trop forte).

Pro

Proue, au bout du vaisseau, va toujours la première..... *Nf.*

Pu.

Pu, verbe, au participe; il n'a pas pu peut-être............ *Pe*

Put-il assez le chat? ouvrez donc la fenêtre............... *Vb.*

Puce.

Puce avide de sang, est toujours à sucer.................. *Nf.*

Pusse; pour que je pusse, il faudrait bien m'aider....... *Vb.*

Puis — pui.

Puis-je donner cent francs, quand j'ai moins qu'un louis?... *Vb.*

Puits à puiser de l'eau, sert bien dans tout pays.......... *Nm.*

Puy, dans le Languedoc, est sur le mont Anis............ *Nm.*

Q.

Quand.

Quand, Voyez le C au mot *Caen*.

Quel — kèl.

Quel homme fut jamais prophète
en son pays? . . . . *Pn.*
Quelle femme aima mieux son
époux et ses fils? . . . . *Pn.*
Quels sont les grands talens qui
n'ont pas d'ennemis? . . . . . *Pn:*
Qu'elle est belle, Thalie, et comme
elle badine! . . . . *Hpn.*
Quelles roses, dis-moi, furent sans
nulle épine? . . . . *Pn:*

Quelque — kèlke.

Quelque grand que tu sois, ah!
crains le sort volage! . . . . . *Ad*
Quelques chats ont sans doute
écorné mon fromage *A2:*
Quel que soit un oiseau, n'a-t-il
pas son plumage? . . . . *A2.*
Quels que soient ses penchans, le
sage les vaincra . . . . *A2.*
Quelles que soient ces fleurs, on
nous les cueillera *A2:*

Queue — keu.

Queue et tête sont deux, et diffèrent en tout . . . . *Nf.*

Qu'eux seuls, on ne voit qu'eux; ils se fourrent partout... *Hpn:*

Qui l'a — ki la.

Qui l'a jamais conçu ce mystère impossible?............ *Hv.*

Qui la devinera cette énigme risible?.................. *Hpn.*

Qu'il a lu dans sa vie! et comme il sait la Bible!.......... *Hv.*

Qu'il ait — kil-è.

Qu'il ait un petit bien, le sage est satisfait................ *Hv.*

Qu'il est heureux celui qu'honore un doux bienfait!........ *Hv.*

Qui les souffre, les vols, partage le forfait.................. *Hpn:*

R.

Radeau — radô.

Radeau, sur la rivière, est bon pour voyager............ *Nm.*

Rat d'eau, comme un poisson, nage et sait bien plonger...... *Hf.*

Raie — rè.

Raie, à laide figure, est un fort bon poisson............ *Nf.*

Rais, ou rayon de roue, est fait
par le charron.......... *Nm.*
Ray, philosophe anglais, m'offre
un bourg en Champagne. *Nm.*
Rets pour prendre un oiseau, sont
mieux dans la campagne. *Nm:*
Retz est une contrée, ou cardinal
de Retz................ *Nm.*
Rez-de-chaussée est bas; rez veut
dire tout près........... *Ad*

Rain — rin.

Rain, lisières d'un bois, voit bien
plus d'un voleur......... *Nm.*
Reins ou le bas du dos, font le bon
crocheteur............. *Nm:*
Rhin, qui sort de la Suisse, a beaucoup de largeur......... *Nm.*

Raine — rène.

Raine, grenouille verte, habite
les marais.............. *Nf.*
Reine, épouse d'un roi, doit faire
de beaux traits........... *Nf.*
Renne, animal lapon, aime bien
les forêts............... *Nm.*
Rênes pour gouverner, veulent un
guide habile............ *Nf:*

Rennes, dans la Bretagne, est une belle ville . . . . *Nf.*

Raiponce — réponce.

Raiponce, pour manger, se cueille et s'assaisonne . . . . *Nf.*

Réponse nous plaît mieux, quand elle est courte et bonne . . . *Nf.*

Raisonne — rézonne.

Raisonne mieux, nigaud; consulte la raison . . . . *Vb.*

Résonne est en parlant de ce qui rend un son . . . . *Vb.*

Rang — ran.

Rang, poste qu'on occupe, excite mon envie . . . . *Nm.*

Rends toujours le dépôt que la ſoi te confie . . . . *Vb.*

Rappel — rapèl.

Rappel se dit ſort bien de quelque ambaſſadeur . . . . *Nm.*

Rappelle-toi, ſur-tout, un père, un bienſaiteur . . . . *Vb*

Ras — râ.

Ras de Saint-Maur se dit; on connaît le poil ras........ *Nm.*

Rat qui me ronge tout, brave souvent les chats........... *Nm.*

Récent — réçan.

Récent * se dit de tout ce qui vient d'arriver.............. *A2.*

Ressent-il du plaisir à nous faire endêver ?............... *Vb.*

* Le premier *é* de cet homonyme est fermé, et celui du second est muet. Dites *re*.

Recueil — rekeuil.

Recueil d'excellens traits nous charme et nous instruit...... *Nm.*

Recueille tout ton grain, et serre le bon fruit.............. *Vb.*

Régal.

Régal, ou bonne chère, invite à la gaîté................ *Nm.*

Régale-nous un peu, puisqu'on t'a régalé................ *Vb.*

Rempare — rampar.

Rempare-toi bien vîte; et creuse des fossés.............. *Vb.*

Rempants, tours et châteaux, tôt ou tard sont forcés. . . . . . . *Nm*:

Repartir.

Repartir *, sans accent, c'est partir de nouveau. . . . . *Vb*:

Répartir, c'est donner chaque part du gâteau. . . . . *Vb*

* Ce premier verbe fait *je reparts*, nous *repartons*; le second, je *répartis*, nous *répartissons*, etc. etc.

Résidant.

Résidant dans la ville, on en est l'habitant. . . . . *Pe*

Résident d'une cour n'y reste qu'un instant. . . . . *Nm*.

Réveil—révèlye.

Réveil du paresseux peint à merveille un lâche. . . . . *Nm*.

Réveille-toi matin, et cours remplir ta tâche. . . . . *Vb*.

Rheims—reince.

Rheims, par la sainte Ampoule était jadis fameux. . . . . *Nm*.

Rince un verre, et buvons du Champagne mousseux.... *Vb.*

Ribaud — ribó.

Ribaud, vil libertin, s'entend d'un polisson................ *Nm.*

Ribo qui bat mon beurre, est un très-gros pilon........... *Nm.*

Rien — rièn.

Rien ne sert de courir, il faut partir plus tôt.............. *Nm.*

Riens *, au nombre pluriel, c'est ce que fait un sot........ *Nm.*

* Signifiant des bagatelles, le mot *rien* s'emploie au pluriel.

Qu'apprendrez-vous, mon fils, près des diseurs de riens ?

Riom — ryon

Riom, dans la Limagne, est un sol plantureux.............. *Nm.*

Rions, amusons-nous, pour être plus heureux............ *Vb.*

Ris — ri.

Ris doux, manière aimable, a toujours droit de plaire...... *Nm.*

Rit-il d'assez bon cœur ? ah ! le petit compère ! .... *Vb.*

Riz, qu'on mange en potage, est bien dans la soupière .... *Nm.*

Rob — robbe.

Rob, ou suc dépuré, reste au feu très-long-temps .... *Nm.*

Robe rose orne bien Annette à son printemps .... *Nf.*

Roc — roke.

Roc, ou rocher sauvage, à la chèvre plaît bien .... *Nm.*

Roch, saint du paradis, aimait beaucoup son chien ...... *Nm.*

Roque et donne la tour à ton roi pour soutien .... *Vb.*

Rois — roâ.

Rois, conquérez plutôt des cœurs qu'un grand royaume .... *Nm.*

Roie, auprès de la Somme, a plus d'un toît en chaume ..... *Nm.*

Rouait — roè.

Rouait, au temps imparfait, provient du verbe Rouer .... *Vb.*

Rouet, qu'on garnit de chanvre, est très-bon pour filer . . . . *Nm.*

Romance.

Romance de Berquin peint une tendre mère . . . . *Nf.*

Romans, en Dauphiné, voit les flots de l'Isère . . . . *Nm.*

Rome.

Rome pauvre eut des mœurs, fut un état puissant . . . . *Nf.*

Rum, un extrait de sucre, enivre en un instant . . . . *Nm.*

Rond — ron.

Rond d'esprit et de corps, c'est un homme tout rond . . . . *A2.*

Romps enfin ton humeur, méchant aliboron ! . . . . *Vb.*

Rot — rô.

Rot, vent de l'estomac, veut que l'on se détourne . . . . *Nm.*

Rôt de bœuf ou de veau rôtit mieux quand il tourne . . . . *Nm.*

Roue — rou.

Roue, autour de l'essieu tourne rapidement . . . . *Nf.*

Roux de poil est, dit-on, un mauvais garnement . . . . *A2.*

Ru.

Ru se dit du canal où l'eau limpide coule . . . . *Nm.*

Rue étroite où l'on passe, amasse de la foule . . . . *Nf.*

Rut du cerf le fait battre un rival ennemi . . . . *Nm.*

Ruth *, femme de Booz, fut bru de Noëmi . . . . *Nf.*

* Le *t* sonne un peu dans ce mot.

Rubicon — rubikon.

Rubicon et César sont fameux en Romagne . . . . *Nm.*

Rubicond, tout rougeaud, il a bu du Champagne . . . . *A2.*

S.

Saba.

Saba, dans l'Arabie, eut une grande reine . . . . *Nm.*

Sabbat est, chez les Juifs, un jour de la semaine . . . . *Nm.*

Saigneur — cègneur.

Saigneur, c'est Sangrado qui saigne à tout moment...... *Az.*
Seigneur, grand d'un empire, en forme l'ornement....... *Nm.*

Samson — sançon.

Samson et Dalila sont fameux dans l'histoire................ *Nm.*
Sans son l'âne vit bien; mais sans eau peut-il boire ?........ *Hm.*

S'aime — sème.

S'aime-t-on aujourd'hui ? l'on n'aime que l'argent....... *Hv.*
Sème dans ton terrain du seigle ou du froment.............. *Vb.*

Saine — cène.

Saine et très-bien portante, à présent ma sœur danse..... *Az.*
Scène de tragédie excite à la vengeance................ *Nf.*
Seine, fleuve, à Paris fait régner l'abondance............ *Nf.*

Sain.

Sain. Voyez le *C* au mot *Ceint*...

Saint-Cloud.

Saint-Cloud a vu commettre un forfait infernal * .... *Nm.*

Cinq clous peuvent servir à ferrer mon cheval.............. *Hm:*

* Henri III, assassiné par Jacques Clément.

Sainte — ceinte.

Sainte Agnès vécut jadis dans l'innocence................ *A2.*

Saintes, comme Angoulême, est sur une éminence........ *Nf.*

Sale.

Sale et toujours malpropre, on cause des dégoûts........ *A2.*

Salle, endroit pour manger la soupe et des ragoûts..... *Nf.*

Salamandre.

Salamandre, reptile, est un petit lézard................ *Nf.*

Salamandres, esprits, contes faits au hasard................ *Nm:*

Salue — salu.

Salue et sois poli; la politesse importe................ *Vb.*

Salut du paradis ouvre aussitôt la porte................ *Nm.*

Santé.

Santé vaut un trésor ; crains de tomber malade.......... *Nf.*

Sans thé je ne puis boire, et mon lait est trop fade......... *Hm.*

Sentez-vous le citron dans cette limonade?............... *Vb:*

Sans gain — ghin.

Sans gain et sans argent jamais rien ne se fait........... *Hm.*

Sanguin, trop plein de sang, on devient trop replet....... *A2.*

Satire.

Satire qui médit, rend les esprits haineux............... *Nf.*

S'attire qui voudra des traitemens honteux............... *Hv.*

Satyres dans les bois, étaient des demi-Dieux............. *Nm.*

Saumur — sômur.

Saumur, ville d'Anjou, n'est pas fort loin du Loir......... *Nm.*

Saumure, une eau salée, est bien dans le saloir............ *Nf.*

Saure — sore.

Saure ou hareng salé, prononcez hareng sore............. *A2.*

Sort fatal ! tu poursuis la vertu qu'on honore ! . . . . *Nm.*
Sors d'ici, scélérat ! on te hait, on t'abhorre . . . . *Vb.*

Saut — sô.

Saut est l'élan que fait un vigoureux coursier . . . . *Nm.*
Sceau m'offre un grand cachet pour sceller un papier . . . . *Nm.*
Seau qui va dans le puits, s'y plonge tout entier . . . . *Nm.*
Seaux, parc près de Paris, vit jadis le grand monde . . . . *Nm.*
Sot, ignorant ; se fuit de cent pas à la ronde . . . . *A2.*

Sautez — sôté.

Sautez, dansez, Bertrand ; passez par le cerceau . . . . *Vb.*
S'ôter, se mettre au doigt ; c'est la bague ou l'anneau . . . . *Hv.*

Savon.

Savon, pour savonner, en Provence est meilleur . . . . *Nm.*
Savons-nous l'avenir ? ce serait un malheur . . . . *Vb.*

Scieur — cieur.

Scieur de bois de long a la plus longue scie . . . . *Nm.*

Sieur me rabaisse un peu ; monsieur me qualifie . . . . *Nm.*

Scion — ci-on.

Scion est une verge ; on s'en sert pour cingler . . . . *Nm.*

Scions un peu de bois, afin de nous chauffer . . . . *Vb.*

Si on le dit, c'est faux, ou ce n'est qu'une feinte . . . . *Hpn.*

Sion, où fut David, était la cité sainte . . . . *Nm.*

Scylla — cilla.

Scylla, près de Carybde, offre un danger très-grand . . . . *Nm.*

Sylla, chez les Romains, fut un heureux brigand . . . . *Nm.*

S'il l'a *, le prix, c'est bien ; on le doit au talent . . . . *Hv.*

* Cet homonyme comprend quatre parties du discours : 1°. la particule conjonctive *si* ; 2°. le pronom impersonnel relatif *il* ; 3°. *le*, qui est pronom relatif, régime d'Avoir ; 4°. le mot *a*, qui vient du verbe *Avoir*.

Scythe — cite.

Scythe, homme de Scythie, est
barbare et sauvage...... *Nm.*
Site, se dit fort bien de quelque
paysage................ *Nm.*

Semaine — cemène.

Semaine a six grands jours pour le
travail pénible........... *Nf.*
Se mène-t-il ainsi l'enfant doux et
sensible?............... *Hv.*

Serein — Cerein.

Serein se dit sur-tout d'un temps
calme et bien beau...... *A2.*
Serin de Canarie est un gentil
oiseau..................... *Nm.*

Serment — cèrman.

Serment prouve-t-il bien qu'un
fourbe n'a pas tort?..... *Nm.*
Serrement prompt du cœur de
Vic * causa la mort..... *Nm.*

* *Serrement*. Le comte de Vic, gouverneur de Calais, contribua beaucoup au gain de la fameuse bataille d'Ivri, et fit des traits d'héroïsme dignes des Romains.

Ce seigneur aimait tant *Henri IV* qu'il mourut subitement d'un serrement de cœur, en 1610, en passant dans la rue de la Féronnerie, où le roi avait été assassiné par l'infernal Ravaillac.

Sicard — cikar.

Sicard voit où Restaud n'a que des aperçus .... *Nm.*
Six quarts font un entier avec deux quarts en sus .... *Nm.*

Si.

Si. Voyez le *C* au mot *Ci.* ......

Si laid — cilè.

Si laid qu'il en fait peur; c'est un vrai Polyphème .... *H2.*
S'il est bon, il suffit; c'est l'homme bon qu'on aime .... *Hv.*
Si les temps allaient bien, je serais mieux moi-même .... *Har.*

Silence — cilance.

Silence!... écoutez donc ce que dit saint Bernard .... *Nm.*

Six lances armaient bien six preux tels que Bayard . . . . *Hf.*
S'y lance-t-on sans voir ? c'est courir au hasard . . . . *Hv.*

Simple — ceinple.

Simple, aimable, modeste, une fille sait plaire . . . . *A2.*
Simples * de mon jardin ont un suc salutaire . . . . *Nm.*

* *Simples.* Ce mot se dit toujours au pluriel masculin.

Sinon — cinon.

Sinon fut, chez les Grecs, un fourbe astucieux . . . . *Nm.*
Six noms de six brigands aujourd'hui sont fameux . . . . *Hm.*

Soc — çoke.

Soc, instrument de fer, aide à l'agriculture . . . . *Nm.*

Socque *, dans Rome ancienne, était une chaussure........... *Nm.*

* *Socque.* Chez les anciens Romains, le *socque*, espèce de sandale fort basse, servait pour jouer la comédie; et le *cothurne*, chaussure très-haute, était consacré pour la tragédie.

Soi — soâ.

Soi; l'on ne voit que soi, l'on ne pense qu'à soi........... *Pn.*
Soie à broder ton schall, peut coudre un col pour moi.... *Nf.*
Sois toujours vigilant, et rends-toi nécessaire............... *Vb.*
Souhait * du nouvel an est-il toujours sincère?........... *Nm.*

* Dans la conversation familière, le mot *souhait* ne fait entendre qu'une syllabe.

Sol — çol.

Sol que nous cultivons, nourrit chaque province............ *Nm.*
Sole, poisson de mer, est très-plate et fort mince............ *Nf*

Somme — çome.

Somme d'or ou d'argent, des sots
 ſait le mérite............ *Nf.*
Sommes-nous en pouvoir? la volonté nous quitte........ *Vb:*

Sommeil — çomèlye.

Sommeil, viens adoucir le chagrin
 qui m'abyme!........... *Nm.*
Sommeille-t-on en paix au sein
 même du crime?........ *Vb.*

Sonde — çonde.

Sonde est un instrument pour le
 mal qui me pique........ *Nf.*
Sund est un long détroit, près de
 la mer Baltique..........*Nm.*

Son — çon.

Son, provenant du blé, nourrit bien
 les ânons................ *Nm.*
Sont-ils assez menteurs? sont-ils
 assez ſripons?............ *Vb:*

Sonnait — çonè.

Sonnait-il ſaux, l'écu? pourquoi
 donc l'avoir pris?........ *Vb.*

Sonnet, ouvrage en vers, s'il est bon, a son prix .... *Nm.*

Sophi — çofi.

Sophi, prince persan, est un haut personnage .... *Nm.*

Sophie est très-aimable ; elle est douce et bien sage .... *Nf.*

Sorte — çorte.

Sorte, espèce ; on peut dire : une sorte d'affaire .... *Nf.*

Sortent vient de sortir d'une affreuse misère .... *Vb.*

Sortes sont les écrits que vend un seul libraire .... *Nf.*

Souci — çouci.

Souci, chagrin amer, tu consumes ma vie ! .... *Nm.*

Soucie * est au présent : il n'en a nulle envie .... *Vb.*

* Le verbe *Soucier* prend la négative, et l'on dit : *il ne s'en soucie guère.*

Soufflait — çouflè.

Soufflait-il donc assez, le vent, pendant l'orage ? .... *Vb.*

let, sur une joue, est un sanglant outrage............ *Nm.*

Souffre — çoufre.

fre avec patience, et ton mal finira.................. *Vb.*

e ton alumette, et la flamme y prendra.............. *Vb.*

Sou — çou.

vingtième d'un franc, en cinq lots se partage........... *Nm.*

, ivre et plein de vin, l'ivrogne fait tapage............. *A2.*

de mauvais habits on méconnaît un sage.......... *Pr*

Soupirs — çoupir.

pirs, plaintes et cris ne vont pas sans douleurs....... *Nm.*

pire-t-on toujours ? il est un terme aux pleurs....... *Vb.*

Suaire — çu-èr.

ire est un grand drap, un linceul pour les morts..... *Nm.*

rent-ils assez ? ah ! qu'ils firent d'efforts !............... *Vb.*

Suce — çuçe.

Suce, petit gourmand... fi ! c'est laid quand on suce...... *Vb.*

Susse vient de savoir ; il faudrait que je susse............. *Vb.*

Sus * signifie en outre ; un tiers, un quart en sus.......... *Ad*

* Quand ce mot est employé comme *adverbe*, il se prononce comme s'il était suivi d'un *e* muet, et l'on dit *susse*, mais on prononce *su*, lorsqu'il sert à exciter et qu'il est *interjection*, comme ci-apres.

Sue — çu.

Sue un peu, cela donne au corps de la vigueur............ *Vb.*

Sus ! sus ! on m'a volé ; courez vîte... au voleur !............. *In*

Suie — çui.

Suie abondante plaît au ramoneur joyeux................ *Nf.*

Suis-je donc ici-bas pour être malheureux ?............ *Vb.*

Suit-on sans nul danger un penchant vicieux ?......... *Vb.*

Supposé

Supposé — çupozé.

Supposé que, m'annonce un cas qui peut venir . . . . *Cn*
Supposer quelque fait équivaut à mentir . . . . *Vb*
Supposez-vous qu'on entre? il faudra bien sortir . . . . *Vb*:

Syndic — cindike.

Syndic a son affaire, il doit bien y vaquer . . . . *Nm.*
S'indique offre deux mots, et veut dire indiquer . . . . *Hv.*

Sur — çur.

Sur toi, vers mes vieux jours, je fonde, ô chère enfant! . . *Pr*
Sûr, solide et certain, prend toujours un accent . . . . *A2.*

Surtout — çurtou.

Surtout ou grand manteau, du froid vous garantit . . . . *Nm.*
Sur-tout faisons l'aumône au pauvre qui pâtit . . . . *Ad*

T.

Ta.

Ta ruse est découverte, et l'on te connaît bien . . . . *Pn.*

T'a-t-on payé pour rire et pour ne faire rien ? . . . . *Hv.*

T'ai — té.

T'ai-je assez averti de ton humeur mutine ? . . . . *Hv.*

Thé que l'on fait bouillir vient du fond de la Chine. . . . . *Nm.*

Taie — tè.

Taie est une enveloppe où l'on met l'oreiller . . . . *Nf.*

Tais-toi, bavard ! toujours on t'entend babiller . . . . *Vb.*

T'ait; il faut qu'on t'ait vu, puisque chacun t'accuse . . . . . *Hv.*

Tes talens ne sont rien, dès que l'orgueil t'abuse . . . . *Pn.*

T'est-il égal en force ? eh ! pourquoi l'attaquer ? . . . . *Hv.*

Têt d'un vieux pot rompu pourrait bien te piquer . . . . . . *Nm.*

Taillons.

Taillons un juste-au-corps élégant et bien fait . . . . *Vb.*

Talion est une peine égale au mal qu'on fait . . . . *Nm.*

Tain — tin.

Tain qu'on met au miroir, sert encore à nos glaces . . . . . . *Nm.*

Teint frais et doux souris me rappellent les Graces....... *Nm.*

Thain, près de l'Hermitage, invite à voyager............... *Nm.*

Thym fleuri qui m'embaume, orne mon potager............ *Nm.*

Tin-tin de la clochette, avertit du danger................ *Nm.*

Taire — tère.

Taire ce qu'on doit dire est en faire un mystère........ *Vb*

Terre fertile en blés est celle qu'on préfère............... *Nf.*

Thaer est l'Anglais fameux par son Panorama.............. *Nm.*

Thaire voulait couper l'isthme de Panama............... *Nm.*

Taise — tèze.

Taise est au conjonctif; que le bavard se taise............. *Vb.*

Thèse d'un grand docteur n'est pas sans parenthèse......... *Nf.*

Tan.

Tan, écorce qu'on broie, est fort bon à brûler............ *Nm.*

Taon *, funeste au bétail, pourrait bien vous piquer .... *Nm.*

Tant va la cruche à l'eau, qu'enfin elle se brise .... *Ad*

Temps du jeune âge, hélas ! n'est guère sans sottise .... *Nm.*

T'en faut-il des écus ? gagnes-en, paresseux .... *Hpr*

Tends donc mieux tes filets, et sois industrieux .... *Vb.*

* Les nouveaux grammairiens prononcent à présent le mot *Taon*, comme *Laon*, *Paon* (Lan, Pan).

Tante.

Tante qui nous chérit, nous serre dans ses bras .... *Nf.*

Tente où sont les canons, doit loger des soldats .... *Nf.*

Tentent-ils ce projet ? qu'ils auront d'embarras ! .... *Vb:*

Tapi.

Tapi, couché par terre, on craint plus un voleur .... *Pe.*

Tapis d'or et de soie a bien plus de valeur .... *Nm.*

Tard — tar.

Tard venu n'a qu'un os et dîne sans potage............ *Ad*

Tare, poids qu'on défalque, excepte l'emballage......... *Nf.*

Taupe — tôpe.

Taupe n'est pas aveugle, elle a de petits yeux............ *Nf.*

Tope ! eh bien, j'y consens; nous boirons du vin vieux..... *In*

Taux — tô.

Taux qu'on suit au marché, doit s'entendre du prix....... *Nm.*

Tôt ou tard, c'est un fait, les coquins y sont pris......... *Ad*

Terme — tèrme.

Terme ou temps de payer, est bien court quand je dois..... *Nm.*

Thermes *, bains des Romains, servaient bien autrefois... *Nm.*

* Le mot *Thermes* s'emploie toujours au pluriel, soit qu'il désigne des citernes et des bains, soit qu'on entende les bornes qui séparaient les propriétés des anciens.

3

Thétis — tétice.

Thétis, mère d'Achille, eut pour père Nérée. . . . . *Nf.*

Téthys, femme du Ciel, fut jadis adorée. . . . . *Nf.*

Tel — tèl.

Tel qu'on dit un héros, qui n'est qu'un vil brigand. . . . . . . *A2.*

Tell vengea son pays d'un horrible tyran. . . . . *Nm.*

Telle fut Roxelane auprès de Soliman. . . . . *A2.*

T'eus — tu.

T'eus; quand je t'eus dit tout, tu pus ouvrir les yeux. . . . . . *Hv.*

Tu punis les larrons, et tu voles comme eux! . . . . *Pn.*

Tue à l'instant le loup; que ton bâton l'assomme. . . . . *Vb.*

Tus est parfait de taire; il se tut le bon homme. . . . . *Vb.*

Thon — ton.

Thon qu'on fait mariner est un fort bon poisson. . . . . *Nm.*

Ton orgueil te perdra ; tu n'es qu'un polisson.......... *Pn.*
Tonds, mais n'écorche pas l'agneau ni le mouton..... *Vb.*

Thou — tou.

Thou ſut un magistrat intègre et ſort savant............. *Nm.*
Tout ce qu'on dit de trop est ſade et rebutant............. *A2.*
Tous ces ſripons souvent sont pris en croyant prendre...... *A2.*
Toux ſait tousser parſois à ne pouvoir s'entendre.......... *Nf.*

Tic — tike.

Tic, nuisible aux chevaux, chez l'homme est ridicule..... *Nm.*
Tique, insecte rongeur, au Cap-Français pullule......... *Nf.*

Tien — tièn.

Tien pour le mien c'est juste ; il ſaut ſaire l'échange...... *Pn.*
Tiens bien ce que tu tiens ; tu sais que le temps change..... *Vb.*

Tiran.

Tiran est un gros nerf, un cordon pour des nœuds........ *Nm.*
Tirant vient de tirer la barbe ou les cheveux............ *Pe*
Tyran, usurpateur, est toujours odieux................ *Nm.*

Tire.

Tire-toi du péril où t'a mis l'imprudence.............. *Vb.*
Tyr, superbe cité, vit régner l'abondance............... *Nm.*

Toc — toke.

Toc est un petit bruit, un battement du cœur............ *Nm.*
Toque de velours bleu sied fort bien à ma sœur.......... *Nf.*

Toi — toâ.

Toi, qui nous parles tant, je ne te vois rien faire......... *Pn.*
Toit, où l'on vit heureux, c'est le toit solitaire............ *Nm.*

Ton air — tonère.

Ton air nous intéresse; ah ! comme il est touchant !.......... *Hm.*

Tonnerre éclate enfin, écrase le méchant! . . . . *Nm.*

Tords — tor.

Tords et double ton fil, il en sera plus fort . . . . *Vb.*

Tort qu'on veut réparer, demande un double effort . . . . *Nm.*

Touffu — toufu.

Touffu se dit de l'arbre et d'un épais feuillage . . . . *A2.*

Tout fut, depuis Caïn, de même qu'à notre âge . . . . *Hv.*

Tour.

Tour de Babel jadis s'éleva jusqu'aux cieux . . . . *Nf.*

Tours et bons Tourangeaux! chez vous l'on vit heureux . . . . . *Nm.*

Tournon.

Tournon, auprès du Rhône, offre un site charmant . . . . *Nm.*

Tournons vite la page, et lisons posément . . . . *Vb:*

Toute — toutte.

Tout aimable, charmante, Armide! tout t'admire . . . . *Ad*

*Toute** belle qu'on soit, Hortense, il faut s'instruire........ *Ad*

* Cet adverbe ne varie ici que par euphonie.

Tout laid — toulé.

Tout laid que soit cet homme, il plaît par ses raisons...... *Ha2.*

Tous les honnêtes gens d'ici sont des larrons............... *Har.*

Tout l'est, content, tout l'est. — Tout l'est-il? nous rirons.. *Hv.*

Tout sang — Tou çan.

Tout sang trop échauffé devient notre assassin............. *Hm.*

Toussant si fort, la toux demande un médecin............. *Vb*

Tous sens ne convient pas pour couper une étoffe........ *Hm.*

Tout sent bien les raisons de ce grand philosophe....... *Hv.*

Trafic — trafike.

Trafic abominable !... on vend jusqu'à l'honneur !......... *Nm.*

Trafique honnêtement, et non en brocanteur.............. *Vb.*

Trais — trè.

Trais la vache ou la chèvre, et nous boirons du lait..... *Vb.*

Trait d'un bon cœur m'enchante, et trait d'esprit vous plaît. *Nm.*

Très-douce, aimable, instruite, Hortense a double attrait. *Ad*

Travail.

Travail, sans ton secours que deviendrait donc l'homme ?. *Nm.*

Travaille, c'est de quoi te mener jusqu'à Rome........... *Vb.*

Tribu.

Tribu juive compta celle de Benjamin.................. *Nf.*

Tribut, cruel impôt, m'ôte tout de la main.............. *Nm.*

Troie — troâ.

Troie, où vainquit Ajax, fut en feu par Hélène.......... *Nf.*

Troies, ville de Champagne, est au bord de la Seine..... *Nf.*

Trois avec trente-sept font bien la quarantaine............ *A2.*

Trop — trô.

Trop peu nous perd souvent ; mais aussi rien de trop .... *Ad*

Trot, le pas du cheval, diffère du galop .... *Nm.*

Tue — tu.

Tue, assomme le loup ; c'est un grand destructeur .... *Vb.*

Tu n'es qu'un vil coquin, si tu n'es qu'un flatteur .... *Pn.*

U.

Un.

Un sot trouve toujours un plus sot qui l'admire .... *A2.*

Huns, peuplades du Nord, dévastèrent l'empire .... *Nm.*

Un neuf.

Un neuf, parlant d'habit, fait que je me panade .... *H2.*

Un œuf à la mouillette est bon pour le malade .... *Hm.*

Va! là...

Va ! la fortune vend bien cher ce qu'elle donne .... *In*

Va là, reviens ici; va! tout trompe et friponne.............. *Had*

Vala fut un savant, qui commenta Pétrone................. *Nm.*

Va y.

Va y * donner ton ordre, et tiens-leur bien parole........ *Had*

Vas-y vîte, à l'oiseau, de peur qu'il ne s'envole......... *Had*

Va-t-il nous endormir de quelque faribole?................ *Nm.*

* L'Académie écrit *vas-y* vîte; puis *va y* donner ordre; puis *vas en* chercher; puis *va en* ville, etc. etc. Que d'entraves et quelle bigarrure!...

Vain — vin.

Vain, fier, sot entêté, qui pourrait le convaincre?....... *A2.*

Vainc n'est guère en usage; il vient du verbe Vaincre....... *Vb.*

Vingt mille écus, sandis! me rendraient fort joyeux...... *Aa2*

4-vingts ans, quel âge! et qu'il est malheureux!........ *A2*

Vin doux ou vin nouveau, c'est du nectar à boire .... *Nm.*

Vint-il? — C'est un gascon; comment le peut-on croire? .. *Vb.*

Vaine. — vène.

Vaine et fière, ma fille, on rebute le monde .... *A2.*

Veine d'or et d'argent est longue et très-profonde .... *Nf.*

Vais — vê.

Vais-je donc m'égarer dans cet obscur réduit? .... *Vb.*

Vêts-toi mieux pour paraître; on juge par l'habit .... *Vb.*

Valais — valè.

Valais * est près de Berne un pays enchanteur .... *Nm.*

Valait-il un centime? ah! la pauvre valeur! .... *Vb.*

Valet est quelquefois insolent et voleur .... *Nm.*

* Le premier *a* du mot *valais* est un peu long.

Vallée — valé.

Vallée est tout au bas d'un pays montueux.............. *Nf.*
Valez doncparvous-même, et non par vos aïeux............. *Vb:*

Van.

Van qui vane mon grain est bien contre le vent........... *Nm.*
Vends à meilleur marché, tu vendras plus souvent....... *Vb.*
Vent orageux demande un pilote savant.................. *Nm.*

Vante.

Vante moins tes talens pour que quelqu'un les vante...... *Vb.*
Vente de mes effets n'a rien qui me contente............... *Nf.*

Vatan.

Vatan est en Berri, près de Romorantin.............. *Nm.*
Va-t-en! fuis loin de moi! tu n'es qu'un libertin........... *He.*

Vaud — Vô.

Vaud en Suisse est charmant, je voudrais l'habiter....... *Nm.*

Vaut-on plus ? on vaut moins dès qu'on veut se vanter..... *Vb.*

Veau d'un mois est bien jeune ; il crie et tette encore...... *Nm.*

Vos dédains, vos tons fiers, madame, on les abhorre !... *Pn.*

Vautour — Vôtour.

Vautour des noirs chagrins, nuit et jour tu me ronges !... *Nm.*

Vos tours et vos détours font voir tous vos mensonges...... *Hm.*

Vautre — vôtre.

Vautre vient de vautrer ; le sanglier se vautre............... *Vb.*

Vôtre est long quand on dit : c'est le mien, c'est le vôtre.... *Pn.*

Ver — vèr.

Ver rampant, ver impur, tel est l'homme orgueilleux..... *Nm.*

Vert-pomme ou vert d'iris fatigue moins les yeux.......... *A2.*

Verre de petit lait est doux et salutaire................ *Nf.*

Vers qu'on lira toujours sont écrits par Voltaire............. *Nm.*

Vesce — *vèce.*

Vesce ou petit grain noir, pour les pigeons est bonne···· *Nf.*
Vesse d'un gros maçon ſait ſuir et m'empoisonne·········· *Nf.*

Veut — *veu.*

Veut-on ſaire une chose? il ſaut saisir l'instant··········· *Vb.*
Vœux indiscrets de l'homme!... jamais il n'est content···· *Vm:*

Vice — *viçe.*

Vice d'un mauvais cœur ne peut se corriger·············· *Vm.*
Vis sans fin d'Archimède est ſort longue à ſorger·········· *Vf.*
Visse qui vient de voir si l'on est en danger·············· *Vb.*

Vie — *vi.*

Vie affreuse et pénible!... ah! qu'on souſſre à présent!········ *Nf.*
Vis pour toi, vis pour moi, vis pour ton cher enfant····· *Vb.*
Vit-on un égoïste humain et bien-faisant?················ *Vb.*

Vieil — viélïe.

Vieil avare est toujours auprès de sa cassette. . . . . *A2.*

Vieille femme, pour voir, prend souvent sa lunette. . . . . *Af.*

Vienne — viène.

Vienne, ville d'Autriche, a l'Empereur pour maître. . . . . . *Vf.*

Viennent-ils les beaux jours? on les voit disparaître. . . . . . *Vb:*

Vil.

Vil, méprisable, abject, se ſuit de toutes parts. . . . . *A2.*

Ville bien ſortifiée a toujours des remparts. . . . . *Vf.*

Vire.

Vire, ville normande, au Nord peut se montrer. . . . . *Vf.*

Virent, provient de voir, et vire de virer. . . . . *Vb:*

Voici — voâçi.

Voici le vrai bonheur.... dans mon cœur je l'ai mis. . . . . *Pr*

Vois si l'homme n'est pas le même en tout pays............ *Hcn.*

Voie — voâ.

Voie étroite demande un cocher plus habile............. *Nj.*

Vois au-dessous de toi, tu seras plus tranquille........... *Vb.*

Voit-on bien des richards qui soient vraiment heureux?...... *Vb.*

Voix qui cherche à tromper, a le ton doucereux.......... *Vf.*

Voilà — voâlà.

Voilà-t-il d'un rideau Laïs abandonnée?............... *Vb.*

Voilà l'homme; il vous trompe, il farde sa pensée.......... *Pr*

Vois la grandeur d'un siècle en un jour éclipsée!...........*Har.*

Voiloit — voâlè.

Voilait vient de voiler, cacher légèrement................ *Vb.*

Vois-les de près... leur masque est changé seulement....... *Hpn.*

Voir — voâr.

Voir de riches bijoux et les avoir sont deux.............. *Vb*

Voire ou vraiment se dit, mais ce mot devient vieux....... *Ad*

Vol.

Vol de l'aigle intimide un oison éperdu................ *Hm.*

Vole, petit fripon, et tu seras pendu................. *Vb.*

Volait — volè

Volait-il bien en l'air ? volait-il de l'argent ?............. *Vb.*

Volet me défend bien du soleil et du vent................ *Nm.*

Voltaire — voltère.

Voltaire me ravit en chantant un grand homme........... *Nm.*

Volterre où naquit Perse, est assez près de Rome.......... *Nf.*

Voue — vou.

Voue à l'usurpateur une haine implacable................ *Vb.*

Vous, jeune *Ero*, soyez simple, modeste, aimable........ *Pn:*

Vu.

Vu que c'est un jongleur, on ne saurait le croire........ *on*

Vue, aspect enchanteur d'Amboise et de la Loire !.......... *Nb.*

Y — i.

Y vas-tu ? moi je reste ; oh ! je suis bien ici................ *Ad*

I, ce sot reste là planté droit comme un I............ *Nm.*

Z.

Zéphyr — zéfir.

Zéphyr est un vent frais qui souffle doucement............. *Nm.*

Zéphire adorait Flore, et fut heureux amant............. *Nm.*

Zest !

Zest ! * on me rafla tout, par un revers funeste........... *In*

Zeste est la bagatelle ou le rien qui me reste............ *Nm.*

* *Zest* est une interjection qui prend à volonté ou qui rejette l'*e* muet, et nous l'avons mis en conséquence aussi au rang des *homographes*.

LES

VERS HOMOGRAPHES.

DES HOMOGRAPHES

Considérés comme des espèces de Tropes.

Les livres que l'on met entre les mains des jeunes étudians renferment une foule de termes dont l'orthographe est souvent la même et le sens diamétralement opposé. La plupart de ces mots peuvent être considérés comme des *Tropes*, c'est-à-dire comme des expressions qui, par métaphore, par figure ou par analogie, sont détournées de leur signification naturelle, pour en prendre une qui leur est étrangère.

Par exemple : l'*air* que nous respirons, exprime un des quatre élémens dont les corps sont composés ; cependant le mot *air* fait entendre encore tantôt les traits de notre figure, tantôt une chanson ou de la musique.

Ces sortes de mots que j'appelle *homographes*, ainsi que beaucoup d'autres, m'ont paru mériter une attention particulière sous deux points de vue :

1°. Ils peuvent éclairer les jeunes gens sur la partie orthographique de beaucoup de noms historiques, appellatifs et géographiques très-célèbres, et qu'il serait vraiment honteux d'estropier.

2°. Ils ne laisseront pas que de former leur style et d'étendre leur jugement, par le raisonnement continuel qu'exigent les *homographes* considérés sous le sens propre ou figuré qu'ils renferment.

Ainsi donc, outre la science de l'orthographe, cette seconde partie de notre ouvrage pourra servir en quelque sorte de premier échelon pour passer à la lecture des Tropes de Dumarsais.

Nous n'avons pas mis ici, à beaucoup près, tous les *homographes* de la langue française :

On ne saurait tout voir, tout sentir, tout entendre.

ce simple essai fera juger du moins de l'utilité de cet ouvrage, quant à la partie grammaticale.

LES

VERS HOMOGRAPHES.

A.

A B C, des beaux arts est le premier principe . . . . *Nm.*
A-t-on ce qu'on voulait? bientôt on s'émancipe . . . . *Vb.*

Abaisse — abèce.

Abaisse, ſond de tourte, est ſort bonne à manger . . . . *Nf.*
Abaisse-toi, sois humble, est du verbe Abaisser . . . . *Vb.*

Admette — admète.

Admette, époux d'Alceste, était roi vertueux . . . . *Nm.*
Admette qui voudra les sots présomptueux . . . . *Vb.*

Adresse — adrèce.

Adresse est bonne en tout; on aime un homme adroit . . . *Nf.*
Adresse d'une lettre indique mieux l'endroit . . . . *Nf.*

Aide — *ède.*

Aide-moi si tu veux que je t'aide
à mon tour . . . . *Vb.*
Aide-de-camp commande et trompette et tambour . . . . *Nm.*

Aie — *è.*

Aie sur-tout du courage; il en faut
dans la vie . . . . *Vb.*
*Aies** -en soin, de ma sœur, mon
cœur te la confie . . . . *Vb.*
Aie un livre amusant, ou bien qui
t'édifie . . . . *Vb.*

(*) *Aie.* La première personne de l'impératif des verbes de la première conjugaison prend un *s* euphonique, quand cette première personne est suivie de la préposition *en*; mais, selon l'Académie, l'impératif rejette cette lettre étant suivie d'un autre mot commençant par une voyelle. Ces distinctions ne sont-elles pas absolument arbitraires, et de vrais piéges dans notre langue? 1°. Dans le premier exemple, où l'on a fait exprès une faute de quantité, prononcez. . . . . (aie-*é*).

2°. Prononcez la deuxième syllabe du second exemple . . . . . (aie-*zen*).

3°. Prononcez au 3e exemple . . (aie-*yun*).

Aigle — ègle.

Aigle, avec ses aiglons, plane au-dessus des tours.......... *Nm.*

Aigle, drapeau romain, était près des tambours............ *Nf.*

Aimant — éman.

Aimant beaucoup la chasse il faut un bon limier.......... *Pe*

Aimant est une pierre ; il attire l'acier.................. *Nm.*

Aimant et doux peut bien n'être point familier.......... *A2.*

Air — ère.

Air doux que l'on respire, est bon pour la santé............ *Nm.*

Air maussade déplaît, ainsi que l'entêté................. *Nm.*

Air gai d'une chanson fait naître la gaîté.................. *Nm.*

Aire — ère.

Aire est le nid d'un aigle ou de quelqu'autre oiseau...... *Nf.*

Aire, au comté d'Artois, n'est pas sans fort château........ *Nf.*

Aire est souvent battue à grands coups de fléau.......... Nf.

Amende — amande.

Amende qu'on impose est toujours de l'argent.............. Nf.

Amende-toi, mon fils, et sois moins négligent............... Vb.

Amatrice.

Amatrice est français, si Rousseau ne m'abuse............. Nf.

Amatrice, une ville au pays de l'Abruzze................ Nf.

Amitié.

Amitié, chez Plutus, ferait honte ou pitié............... Nf.

Amitié, quelque grace; ah! fais-moi l'amitié............. Nf.

Amour.

Amour, fleuve, île et mer, et détroit en Asie............. Nm.

Amour, fils de Vénus, naquit dans Idalie................. Nm.

Amour, dans la jeunesse, est une frénésie.............. Nm.

Ange.

Ange, descends du Ciel, et sois-
moi secourable.......... *Nm.*

Ange, poisson de mer, à la scie
est semblable............ *Nf.*

Angélique — angélike.

Angélique à confire est bonne et
renommée.............. *Nf.*

Angélique est ma sœur; elle est
fort bien nommée...... *Nf.*

Arc — arke.

Arc, qui sert pour le jeu, peut
causer ta ruine........... *Nm.*

Arc, près de Dom-Remy, vit naître une héroïne.......... *Nm.*

Arrêt — arè.

Arrêt d'un jugement fait trembler
le coupable............... *Nm.*

Arrêt se dit d'un chien qui court
comme le diable......... *Nm.*

Attelle — atèle.

Attelle tes gros bœufs, ou bien tes
grands chevaux.......... *Vb.*

Attelle du potier sert aux vases
nouveaux............... *Nf.*

Attente — atante.

Attente insupportable ! ah ! quel tourment d'attendre !.... *Nf.*

Attente à notre vie, et tu te feras pendre................ *Vb.*

Aune — ône.

Aune sert au marchand pour tout ce qu'il mesure.......... *Nf.*

Aune est un arbre vert près de l'eau qui murmure........... *Nm.*

Autour — ôtour.

Autour, oiseau de proie, est funeste aux dindons........ *Nm.*

Autour de nous, bons dieux ! que je vois de fripons !........ *Pr*

Avant — avan.

Avant de prononcer retournez la médaille............... *Pr*

Avant, trop enfoncé, demande la tenaille................. *Ad*

B.

Balance.

Balance de Thémis ne plaît guère au marchand............ *Nf.*

Balance-t-il pour nuire? il en rit, le méchant! .... *Vb.*

Bande.

Bande, ou troupe, se dit des voleurs par centaines .... *Nf.*

Bande, arme ton fusil, et chassons à Vincennes .... *Vb.*

Barbare.

Barbare, un cœur cruel, détruit tout dans sa rage .... *Nm.*

Barbare, agreste, errant, c'est un peuple sauvage .... *A2.*

Barbare ou mot baroque, est un mauvais langage .... *A2.*

Barbe.

Barbe est un beau cheval qui vient de Barbarie .... *Nm.*

Barbe jeune aime à rire, et n'est point sans folie .... *Nf.*

Barbe fut une sainte; on le voit par sa vie .... *Nf.*

Barbeau — barbô.

Barbeau, c'est un poisson connu par sa fadeur .... *Nm.*

Barbeau, qu'on cueille aux champs n'a qu'une faible odeur... *Nm.*

Barde.

Barde de lard est bonne autour des pigeonneaux......... *Nf.*

Barde, ou prêtre gaulois, célébrait les héros................ *Nm.*

Bas — bâ.

Bas de soie ou de fil sont plus frais en été................. *Nm.*

Bas, rampant et perfide, un lâche est détesté............... *A2.*

Basque — baske.

Basque, ou bien Biscayen, est très-prompt à la course...... *Nm.*

Basque à frange d'argent me dégarnit la bourse.......... *Nf.*

Bat — bâ.

Bat se dit du poisson, entre l'œil et le bat *............... *Nm.*

Bat vient du verbe Battre; on querelle, on se bat........... *Vb.*

(*) *Bat*, Le *bat* se dit de la queue des gros poissons.

Batte.

Batte ou sabre de bois est l'arme d'Arlequin.............. *Nf.*

Batte est au conjonctif; qu'on batte ce faquin................ *Vb.*

Berceau — berço.

Berceau d'arbres touffus invite à sommeiller............ *Nm.*

Berceau d'un jeune enfant, il faut le surveiller............. *Nm.*

Bergère.

Bergère où je m'assieds orne l'appartement............. *Nf.*

Bergère et son berger s'aiment bien tendrement............. *Nf.*

Bernard.

Bernard, mont Saint-Bernard; est-il sur la Baltique?....... *Nm.*

Bernard, de la croisade est un saint fanatique.............. *Nm.*

Bernard chanta Pollux et l'amour érotique.............. *Nm.*

Bien — bièn.

Bien penser, pour bien faire, est d'un homme bien sage... *Ad*

Bien que l'on ſait au monde ajoute
à mon partage . . . . *Nm.*

Bière.

Bière, en bois de sapin, doit être
ma demeure . . . . *Nf.*
Bière double de Mars est, dit-on,
la meilleure . . . . *Nf.*

Bois — boâ.

Bois, que l'on met au feu, vaut
mieux garni d'écorce . . . . *Nm.*
Bois un coup; le bon vin donne
une double force . . . . *Vb.*

Boite — boète.

Boite est l'état du vin quand il est
bon à boire . . . . *Nf.*
Boite-t-il, mon bidet? qu'on le
vende à la foire . . . . *Vb.*

Bon.

Bon conseil est sans prix; oui, mais
il faut le suivre . . . . *A2.*
Bon! verse m'en toujours; ne
crains pas qu'il m'enivre . . *In*

Botte.

Botte, du cavalier compose la
chaussure . . . . *Nf.*

Botte, avec un fleuret, ne fait point de blessure . . . . *Nf.*

Bouche.

Bouche un peu mieux les trous, on voit encor du jour . . . . *Vb.*

Bouche de ma mignonne a presque un pied detour . . . . . *Nf.*

Bouillon — boulyon.

Bouillon d'eau, par le feu, gonfle, monte et jaillit . . . . *Nm.*

Bouillon gras ou bien maigre, est un mets qui nourrit . . . . . . *Nm.*

Bouillon se dit des plis aux rubans de Glicère . . . . *Nm.*

Bouillon-blanc, pour ta plaie, est doux et salutaire . . . . *Nm.*

Bouillon, ancien duché, n'est pas loin de Mézières . . . . *Nm.*

Bourdaloue.

Bourdaloue, on le sait, fit plus d'un beau sermon . . . . *Nm.*

Bourdaloue orne bien mon grand chapeau tout rond . . . . . . *Nf.*

Bourdaloue est un pot qui ne sent pas très-bon . . . . *Nm.*

Bouquin — boukein.

Bouquin latin se vend chez Verdel, bouquiniste . . . . *Nm.*

Bouquin qui sent très-fort, se suivrait à la piste . . . . *Nm.*

Briséis — brizéice.

Briséis, papillon de couleur azurée . . . . *Nf.*

Briséis fut jadis par Achille enlevée . . . . *Nf.*

Brune.

Brune ou blonde à la fin doit céder à l'Amour . . . . *Nf.*

Brune plaît aux voleurs, car c'est la fin du jour . . . . *Nf.*

Bulle.

Bulle du chalumeau sort, se gonfle et s'échappe . . . . *Nf.*

Bulle qui vient de Rome est un ordre du Pape . . . . *Nf.*

C.

Ça !

Ça ! point tant de façons; tiens, bois un coup sans honte . . . *In.*

Ça * ne se fait jamais; ah ! soyons de bon compte.......... *Pr.*

Café — kafé.

Café que l'on éclaire, est pour l'achalander............... *Nm.*

Café chaud à la crême, est bon pour déjeûner................ *Nm.*

Canon — kanon.

Canon, machine affreuse, est des plus meurtrières......... *Nm.*

Canon qu'un prêtre lit, comprend plusieurs prières......... *Nm.*

Caractère.

Caractère imprimé diffère de l'écrit..................... *Nm.*

Caractère se prend pour le cœur et l'esprit.................. *Nm.*

Carafe — karafe.

Carafe ou carafon se remplit d'eau pour boire............... *Nf.*

Carafe est un grand nom très-connu dans l'histoire........... *Nm.*

(*) *Ça*. Ça est un mot syncopé qui veut dire *cela*, dans le style familier.

Cardinal — kardinal.

Cardinal est à Rome un prélat respecté . . . . *Nm*

Cardinal, un oiseau plein de vivacité . . . . *Nm*

Cartouche — kartouche.

Cartouche suit Mandrin au journal des bandits . . . . *Nm*

Cartouche de canon peut charger cent fusils . . . . *Nf*

Casse — kâce.

Casse tout, petit gueux, et je vais t'arranger . . . . *Vb*

Casse et sel de Glober sont fort bons pour purger . . . . *Nf*

Castor — kacetor.

Castor, animal doux, est fort industrieux . . . . *Nm*

Castor, chapeau très-fin, est aussi plus coûteux . . . . *Nm*

Castor avec Pollux fut mis au rang des Dieux . . . . *Nm*

Cataracte — katarakte.

Cataracte du Nil tombe avec grand fracas . . . . *Nf*

Cataracte d'Homère * arrêtait chaque pas.............. *Nf.*

Cause — kôze.

Cause un peu, répands-toi dans la société................ *Vb.*

Cause de tous nos maux, c'est l'immoralité............ *Nf.*

Ce.

Ce * sont les mœurs qui font la bonne compagnie....... *Pn.*

Ce petit homme a donc quelques grains de folie?......... *Pn.*

Ce que le cœur desire il le croit à l'instant............... *Pn.*

Ce qui perdit Fouquet l'absoudrait à présent.......... *Pn.*

(*) *Cataracte* d'Homère. Homère étoit aveugle, et gagnait sa vie en chantant ses vers de ville en ville.

(*) *Ce.* Ce premier homographe est une espèce de gallicisme très-commun en français, et l'on dit : *c'est moi, c'est toi, c'est lui, c'est nous, c'est vous, ce sont eux.* Le second homographe est un pronom démonstratif; le troisième est un pronom relatif qui est *objet* du verbe; et le quatrième en est le *sujet.*

Celui-là.

Celui-là fait le crime à qui le crime sert . . . . Pn

Celui qui dupe autrui gagne moins qu'il ne perd . . . . Pn

Cette — cète.

Cette caillette assomme avec son vain caquet . . . . Pn

Cette est un port qui joint le canal de Riquet . . . . Nm

Chagrin — chagrein.

Chagrin, peau de poisson, garnit mon coffre-fort . . . . Nm

Chagrin, peine d'esprit, cause souvent la mort . . . . Nm

Chaland.

Chaland, sorte de pain que le boulanger vend . . . . Nm

Chaland, pour marchander, tourmente le marchand . . . . . . Nm

Chandelier-lié.

Chandelier fait au moule et nous vend la chandelle . . . . Nm

Chandelier argenté se tourne ou se modèle . . . . Nm

Charme.

Charme est un excellent bois pour faire du charbon········ *Nm.*

Charme-t-on bien long-temps quand le cœur n'est pas bon?··· *Vb.*

Charette.

Charrette à deux timons, sert à plus d'un charroi··········· *Nf*

Charrette, ainsi que George, a défendu le roi············· *Nm.*

Chartre.

Chartre, extrême maigreur, est funeste à l'enfance······· *Nf.*

Chartre, d'anciens papiers, des titres d'importance······· *Nf.*

Chaussée — chôcé.

Chaussée et fort bien mise, on parle de ta sœur········· *A2.*

Chaussée, est Lachaussée, un assez bon auteur·············· *Nm.*

Chaussée au bord d'un fleuve, a certaine hauteur·········· *Nf.*

Cher — chèr.

Cher, qui coûte beaucoup, cause bien des regrets·········· *Ad*

Cher *, tu baignas jadis Sorel et ses attraits.............. Nn

Cinglez — ceinglé.

Cinglez avec un fouet ce méchant polisson............... Vi

Cinglez droit vers Plymouth, voguez avec Nelson........ V

Cité.

Cité, l'ancien quartier de quelque grande ville............ N

Cité comme un oracle, il n'est qu'un imbécille.......... A

Clément — kléman.

Clément fut un grand saint; Clément un scélérat........ N

Clément comme Henri-Quatre, et vil comme Duprat...... A

Cloche — kloche.

Cloche avec son battant retentit dans les airs............ I

Cloche vient de clocher, aller tout de travers............. V

(*) *Cher*. Agnès-Sorel, maîtresse de Char VII, habitait le château de *Beauté*, sur bords du *Cher*.

Coche — coche.

Coche, ou voiture d'eau, me conduit à Melun............ *Nm.*

Coche, femme trop grasse, est un terme commun.......... *Nf.*

Cocher — kocher.

Cocher se dit du coq qui caresse sa poule.............. *Vb*

Cocher qui me conduit en voiture me roule.............. *Nm.*

Coin — kouèn.

Coin du feu, dans l'hiver, est bon en compagnie.......... *Nm.*

Coin, fruit qui sent très-fort, nous vient de la Syrie......... *Nm.*

Commode — komode.

Commode en bois de rose est un meuble coûteux......... *Nf.*

Commode était un prince, et fut un monstre affreux...... *Nm.*

Condé — kondé.

Condé, dans le Hainaut, est près de Valenciennes......... *Nm.*

Condé, guerrier fameux, est moins grand que Turenne...... *Nm.*

Constance — koncetance.

Constance, ville en Suabe, est sur le lac Constance.......... N

Constance dans le bien trouve sa récompense.............. N

Constance de Sirmich eut pour rival Magnence............ N

Continent — kontinan.

Continent, modéré, se dit d'un homme chaste........... À

Continent, terre ferme, est un pays très-vaste............... N

Coq — koke.

Coq est un gros oiseau toujours plein de courage......... N

Coq-à-l'âne nous peint un grossier badinage................ N

Cor — kor.

Cor aux pieds nuit beaucoup au pauvre voyageur......... N

Cor-de-chasse réveille et fait grande rumeur................ N

Cordage — kordage.

Cordage gros ou fin comprend plus d'une corde.............. N

Cordage s'entend bien du bois que l'on me corde.......... *Nm.*

Corneille — korneille.

Corneille du théâtre est l'honneur et la joie.............. *Nm.*

Corneille est un oiseau qui se nourrit de proie............. *Nf.*

Cornet — korné.

Cornet, ou petit cor, dans les bois retentit................. *Nm.*

Cornet d'encre, trop plein, déborde et me noircit..... *Nm.*

Correction — korèkcion.

Correction se dit de quelque châtiment................. *Nf.*

Correction du style importe grandement................. *Nf.*

Couple—kouple.

Couple * d'heureux amis, goûtez un doux repos!.......... *Nm.*

(*) *Couple*. En parlant des personnes, le mot *couple* prend le genre masculin; il est du féminin en parlant des choses: Un beau couple d'amans; une couple d'œufs.

Couple d'œufs sont fort bons, s'ils sont cuits à propos...... *Nf.*

Cour — kour.

Cour est bien mieux placée en face du jardin................ *Nf.*

Cour s'entend des seigneurs de Stockholm ou Berlin.... *Nf.*

Cour, c'est le palais même où loge un souverain............ *Nf.*

Cours — kour.

Cours se dit du marché, de même que d'un fleuve.......... *Nm.*

Cours à l'imprimerie, et demande une épreuve............. *Vb.*

Cours de la vie, hélas ! est long pour l'indigent !......... *Nm.*

Cours, vogue ou grand débit, suit l'homme vigilant......... *Nm.*

Cours, ou bien flux de ventre, empire le malade............ *Nm.*

Cours, planté d'acacias, me plaît pour promenade......... *Nm.*

Court — cour.

Court-il, mon débiteur, pour acquitter sa dette............ *Vb.*

Court

Court d'argent ne saurait faire une riche emplette .... *Ad*

Cousin — kouzein.

Cousin, issu des sœurs, est un cousin-germain .... *Nm.*

Cousin, mouche qui pique, est un triste cousin .... *Nm.*

Couvert — kouvèr.

Couvert, c'est la fourchette et la cuiller d'argent .... *Nm.*

Couvert et bien vêtu, secours donc l'indigent! .... *A2.*

Cravate — kravatte.

Cravate, en Croatie, est un cheval alerte .... *Nm.*

Cravate que l'on noue est blanche, bleue ou verte .... *Nf.*

Crêpe — crèpe.

Crêpe, autour du chapeau, du deuil est le signal .... *Nm.*

Crêpe, que l'on fait frire, est bonne au carnaval .... *Nf.*

Cruche — kruche.

Cruche, ou cruchon plein d'eau, d'un choc enfin se brise .. *Nf.*

Cruche est celle ou celui qui fait une bêtise.............. *Nf.*

Cru — kru.

Cru n'est pas cuit encore; on mange le fruit cru.... .... *Az.*

Cru vient du verbe croire; ah! si l'on m'avait cru!......... *Pe*

Cuisine — kuizine.

Cuisine est le lieu même où la broche se met.............. *Nf.*

Cuisine se comprend de la chère qu'on fait.............. *Nf.*

Cure — kure.

Cure du médecin forme ma guérison................. *Nf.*

Cure de mon curé renferme sa maison................. *Nf.*

Cure est dit du souci qu'entraîne chaque affaire........... *Nf.*

Cure le puits du clos, et que l'eau soit plus claire........... *Vb.*

D.

Dame.

Dame, au jeu des échecs, marche dans tous les sens.... *Nf.*

Dame, dans son palais, a des tons imposans.............. *Nf.*

Dame !... ah dame ! c'est beau, disent les paysans !....... *In*

Dauphin — dôfin.

Dauphin, poisson de mer, est plein de connaissance......... *Nm.*

Dauphin, prince du sang, fut fils aîné de France.......... *Nm.*

Dé.

Dé, qui sort du cornet, m'enrichit, me ruine........... *Nm.*

Dé, pour coudre, sied bien au doigt mignon d'Aline.... *Nm.*

De main — demein.

De main ; l'homme de main est prompt et courageux.... *Hf.*

Demain, demain, dit-on, nous serons plus heureux...... *Ad*

Demoiselle.

Demoiselle se dit d'un insecte à quatre ailes.............. *Nf.*

Demoiselle élégante a de riches dentelles.............. *Nf.*

Demoiselle, instrument pour paver les ruelles.............. *Nf.*

Dépendez — dépandé.

Dépendez deux lapins, et lardez le plus ſort . . . . *Vb:*
Dépendez-vous d'un sot, que je plains votre sort ! . . . . *Vb:*

Derrière.

Derrière ou le devant, se dit d'une maison . . . . *Nm.*
Derrière votre maître !... allez donc, canichon . . . . *Pr*

Des — dè.

Des sottises du fort le plus faible est victime . . . . *Ar:*
Des écus !... nous dit-on ; moi, j'aime mieux l'estime . . . . *Pn:*

Dessein — décein.

Dessein du jeune Icare eut de tristes succès . . . . *Nm.*
Dessein * fait par Callot, offre de beaux sujets . . . . *Nm.*

---

* Les grammairiens modernes écrivent sans e le *dessin* fait au crayon, et cette orthographe est meilleure que celle de l'académie.

Diète.

Diète ou régime, en tout, doit être bien réglée .... *Nf.*

Diète, en certains pays, s'entend d'une assemblée .... *Nf.*

Digne.

Digne, au sud-ouest d'Embrun, n'est pas sur la Durance .. *Nf.*

Digne ou non, l'intrigant reçoit la récompense .... *A2.*

Dinde — deinde.

Dinde est de l'Indostan, ainsi que le coq-d'Inde .... *Nf.*

Dinde ou sotte jamais ne s'assied sur le Pinde .... *A2.*

Dindon — deindon.

Dindon, mon cher monsieur, est colère et glouton .... *Nm.*

Dindon, joint à dindi, des cloches peint le son .... *Nm.*

Du.

Du * scélérat toujours on connaît les complots .... *Ar.*

(*) *Du.* Cet homographe est un article composé qui marque le rapport; et le suivant est une préposition qui désigne l'extraction; c'est l'*ex* des Latins.

Du Japon jusqu'à Rome, on ne voit que des sots.......... *P*

Du bocage.

Du bocage et du bois je vais dans le taillis.............. *Hm.*

Du Bocage, en grands vers, chanta le Paradis............... *Nf.*

Du bois — du boâ.

Du bois je vois sortir un loup qui court vers toi............ *Hm.*

Du bois dont je me chauffe on sculpte un Saint-Eloi.... *Hm.*

Dubois, le cardinal, n'avait ni foi ni loi.................. *Nm.*

E.

Echo. — Eko.

Echo; pour bien l'entendre, il faut qu'il retentisse............. *Nm.*

Echo, fille de l'air, aimait beaucoup Narcisse........... *Nf.*

Eclaire — éklèr.

Eclaire est une plante; elle croît près des murs........... *Nm.*

Eclaire-nous un peu dans les endroits obscurs........... *Vb.*

Eclat — ékla.

Eclat se dit du bois, des ris et du tonnerre . . . . *Nm.*

Eclat du crime heureux en impose au vulgaire. . . . . *Nm.*

Ecoute — ékoute.

Ecoute, pour la voile, est la corde qu'on tend . . . . *Nf.*

Ecoute est la cachette où le mouchard m'entend . . . . *Nf.*

Ecoute-moi, Pierrot... reviens vîte ! on t'attend . . . . *Vb.*

Ecrivain — ékrivein.

Ecrivain d'A-B-C peint sans cesse des lettres . . . . *Nm.*

Ecrivain, qui compose, est un homme-de-lettres . . . . *Nm.*

Edifie — édifi.

Edifie ou bâtis à l'Amour un beau temple . . . . *Vb.*

Edifie en priant, et montre-nous l'exemple . . . . *Vb.*

Ecuyer — ékuiyé.

Ecuyer, gentilhomme, était un noble affable . . . . *Nm.*

Ecuyer tranchant coupe et sert la viande à table .... Nm.

Ecuyer du manége est un bon cavalier .... Nm.

Ecuyer, terme impropre, en parlant d'escalier .... Nm.

Elève.

Elève bien instruit fait honneur à son maître .... Nm.

Elève-le bien haut pour le faire paraître .... Vb.

Elève mieux ton fils, qu'il sache se connaître .... Vb.

Empire — anpire.

Empire se dit bien d'un mal qui va croissant .... Vb.

Empire se détruit, s'il devient trop puissant .... Nm.

Enfant — anfan.

Enfant, petit-garçon, voudrait toujours sauter .... Nm.

Enfant, petite-fille, aime bien à jaser .... Nf.

Entrée — *antre.*

Entre un sage et des fous, ah ! quelle différence !........ Pr

Entre dans ma cabane, et faisons connaissance............. Vb.

Entrée — *antré.*

Entrée est un bon mets qu'on peut faire rôtir............... Nf.

Entrée est un endroit pour entrer, pour sortir.............. Nf.

Entretien — *antretien.*

Entretien, c'est de quoi se nourrir, s'habiller................ Nm.

Entretien d'un bavard se passe à babiller.................. Nm.

Eté.

Eté vient du verbe *Être* ; on peut avoir été................ Pe

Eté, c'est le bon temps ; amassons dans l'été................ Nm.

Etre.

Etre bien estimé, c'est le bonheur lui-même.............. Vb

Etre qui conduit tout, c'est Dieu, l'Etre-Suprême.......... Nm.

Envers — *anvèr.*

Envers les malheureux montre-toi bon et juste .... *Pr*

Envers, mauvais côté, va mal quand on s'ajuste .... *Nm.*

Event — *évan.*

Event, un mauvais goût; ce jambon sent l'évent .... *Nm.*

Event, conduit pour l'air. On dit : tête à l'évent .... *Nm.*

Exemple — *egzanple.*

Exemple * de vertu fait rougir l'imposture .... *Nm.*

Exemple en gros, en fin, guide mon écriture .... *Nf.*

Exploit — *exploâ.*

Exploit de quelque huissier fait vendre mes effets .... *Nm.*

Exploit guerrier souvent produit de grands forfaits .... *Nm.*

(*) *Exemple*. Ce premier homographe est masculin, et le second est du genre féminin.

F.

Faites. —*fète*

Faites-vous maigre ou gras pendant tout le carême?....*Hpn*:

Faites vous des amis, et soyez-le vous-même.............*Hpn*:

Farce.

Farce que fait Paillasse, invite à la gaîté................ *Nf.*

Farce, avec de la viande, est au fond du pâté............ *Nf.*

Faux —*fô.*

Faux, menteur, je te mets au nombre des filous....... *A2.*

Faux du temps destructeur, rien n'échappe à tes coups!... *Nf.*

Faveur.

Faveurs, graces, plaisirs, vous faites des heureux.......... *Nf.*

Faveurs, petits rubans, forment de jolis nœuds.......... *Nf.*

Ferme — *Fèrme.*

Ferme, dans la campagne, enrichit un fermier.......... *Nf.*

Ferme bien ta maison, et rentre le premier . . . . *Vb.*

Ferme! fort! mes amis; gaulez-moi ce pommier . . . . *In*

Feu.

Feu qui brûle et qui brille a maint et maint usage . . . . *Nm.*

Feu, pincettes, chenets, complète mon ménage . . . . *Nm.*

Feu monsieur votre père était prudent et sage . . . . *A2.*

Fi.

Fi, c'est un certain mal qui fait mourir les bœufs . . . . *Nm.*

Fi donc! ah! que c'est laid d'être si paresseux! . . . . *In*

Fiacre — fiakre.

Fiacre, pour trente sous m'offre tous ses carosses . . . . *Nm.*

Fiacre, où j'entre à toute heure, est traîné par deux rosses . . *Nm.*

Fier — fièr.

Fier-à-bras, fanfaron, est un mot populaire . . . . *Nm.*

Fier, orgueilleux, hautain, est sûr de nous déplaire........ *A2*.

File.

File de gens armés marche mieux dans la plaine........... *Nf.*

File, tricote et couds; lis aussi, belle Hélène!........... *Vb.*

Fin — fein.

Fin, qui termine tout, excepté la nature................. *Nf.*

Fin contre fin, dit-on, fait mauvaise doublure........... *Nm.*

Fléau — fléô.

Fléau, long instrument, sert à battre mon blé.............. *Nm.*

Fléau, c'est le malheur dont je suis accablé................. *Nm.*

Fleurettes.

Fleurettes, en bouquet, vont au sein de Lisette.......... *Nf.*

Fleurettes d'un galant vous parlent d'amourette........ *Nf.*

Foire — foâre.

Foire où joue Arlequin, renferme bien des jeux........... *Nf.*

Foire est un autre mot .... demandez aux foireux .... Nf.

Foix — foâ.

Foix, dans le Languedoc, est au sud de Toulouse .... Nm.

Foix, comtesse, périt par la fureur jalouse .... Nf.

Fond — fon.

Fond est au temps présent ; il vient du verbe Fondre .... Vb.

Fond de ma bourse, hélas ! a de quoi me confondre....... Nm.

Fontange.

Fontange, de Louis fut jadis favorite .... Nf.

Fontange, de Phryné fait le plus grand mérite .... Nf.

Force.

Force ; duc de la Force est un guerrier insigne .... Nm.

Force * ou La Force, en vers écrit comme Lavigne .... Nf.

---

* *Force*. Mademoiselle de La Force a illustré le Parnasse français, ainsi que mademoiselle de Lavigne ; et on lit encore avec délices le poëme du *Château en Espagne*, composé par la première.

Force-t-on notre amour ? il faut s'en rendre digne........ *Vb.*

Forfait — forfè.

Forfait de Marius fait frissonner d'horreur. .... *Nm.*

Forfait est un marché de quelque entrepreneur............. *Nm.*

Forme.

Forme du cordonnier sert pour le pied d'Aline............ *Nf.*

Forme de beaux projets, mais pense à la cuisine............ *Vb.*

Fort — for.

Fort, vigoureux, s'entend d'un homme très-robuste..... *A2.*

Fort veut dire beaucoup ; Salomon fut fort juste............ *Ad.*

Foudre.

Foudre est un grand tonneau qui contient plusieurs muids.. *Nm.*

Foudre, tonnerre, éclate, écrase les bandits ! .... *Nf.*

Franc — fran.

Franc vaut juste vingt sous, et cent sous font cinq francs..... *Nm.*

Franc veut dire loyal : vivent les hommes francs ! .... *A2*.

Français — francè.

Français, grec et latin, remplissent mille histoires .... *Nm.*

Français, vous savez vaincre et chanter vos victoires ..... *Nm:*

Fumée — fumé.

Fumée abondamment, la terre produit mieux .... *Pe.*

Fumée épaisse et noire, est très-nuisible aux yeux .... *Nf.*

G.

Gage.

Gage est ce qu'un valet gagne en servant autrui .... *Nm.*

Gage qu'il écrit mal Schafstaedt, d'Enghien, Longwi ..... *Vb.*

Garde.

Garde-malade vaut parfois un médecin .... *Nf.*

Garde qu'on monte, exige un fusil à la main .... *Nf.*

Garde donc quelque chose, et pense au lendemain .... *Vb.*

Garde-robe.

Garde-robe de toile, enveloppe, se dit . . . . *Nm.*

Garde-robe est l'endroit où je serre un habit . . . . *Nf.*

Gare — gâr.

Gare, dans les grands froids, conserve les bateaux . . . . *Nf.*

Gare! que monsieur passe avec ses grands chevaux. . . . . *In*

Gaule — gôle.

Gaule, où César vainquit, vit les anciens Gaulois . . . . *Nf.*

Gaule ou perche, conduit cent dindons à la fois . . . . *Nf.*

Gêne.

Gêne, tourment du crime, est pour le scélérat . . . . *Nf.*

Gêne, ville, a le Doge ou premier magistrat . . . . *Nf.*

Gêne-t-il? à l'instant chassez-moi ce pied-plat . . . . *Vb.*

George — jorje.

George d'Amboise, à Rouen, fut fondu par Dutaire . . . . *Nm.*

George trois est Anglais ; il règne en Angleterre . . . . *Nm.*

George, célèbre actrice, enchante le parterre . . . . *Nf.*

Glace.

Glace qui fait glisser, nous force à des courbettes . . . . *Nf.*

Glace où l'on peut se voir, sourit à nos coquettes . . . . *Nf.*

Goulette.

Goulette est un canal pour faire écouler l'eau . . . . *Nf.*

Goulette, dans l'Afrique, est un très-fort château . . . . *Nf.*

Goulu.

Goulu, c'est un oiseau qui vit de bon poisson . . . . *Nm.*

Goulu m'avalerait.... ah ! le vilain glouton ! . . . . *A2.*

Grec — grèke.

Grec, ou langue d'Homère, est traduit en latin . . . . *Nm.*

Grec, fin, intéressé, peut tromper Trissotin .... *A2.*

Greffe — grèfe.

Greffe, pour des papiers, doit être en un lieu sûr .... *Nm.*

Greffe bien tes poiriers, leur fruit sera moins sur .... *Vb.*

Griller — grilyé.

Griller, sur des charbons, ne se peut sans brûlure .... *Vb*

Griller la jeune Agnès, c'est la mettre en clôture .... *Vb*

Gris — gri.

Gris et blancs, noirs ou bleus, voici des gants; prenez ... *A2.*

Gris, pour avoir trop bu, l'on se casse le nez .... *A2.*

Grue — gru.

Grue à monter la pierre, est toujours fort utile .... *Nf.*

Grue est un grand oiseau; grue est un imbécille .... *Nf.*

Gueux — gheu.

Gueux réchauffe les doigts du pauvre tout frileux .... *Nm.*

Gueux, réduit au centime, est toujours malheureux........ *A2*.
Gueux, s'entend d'un coquin, ou des gens vicieux........ *A 2*.

Guide — ghide.

Guide; le Guide fut un peintre très-fameux.............. *Nm*.
Guide bien ton enfant, et qu'il soit vertueux........... *Vb*.
Guide, conduit les pas de mes chevaux fougueux.......... *Nf*.

Guillaume — ghiliôme.

Guillaume, long rabot, est un outil tranchant.............. *Nm*.
Guillaume le Bâtard fut un grand conquérant............ *Nm*.

H.

Hache — ache.

Hache * d'armes sert bien sur mer à l'abordage............ *Nf*.
Hache, détruis, renverse, imite le sauvage............. *Vb*.

(*) *Hache*. L'*H* est aspirée dans ces deux homographes et dans les quatre suivans.

Hauteur—ôteur.

Hauteur d'une maison ne la rend
pas plus stable........... *Nf.*
Hauteur. fierté, dédains, font
l'homme détestable...... *Nf.*

Hoche.

Hoche, sur du bois blanc, sert à
marquer mon pain...... *Nf.*
Hoche-t-il de la tête? oh bien! c'est
un mutin................. *Vb.*

Humeur.

Humeur âcre et recuite est fatale
aux goutteux........... *Nf.*
Humeur boudeuse nuit aux dons
les plus heureux......... *Nf.*

Hyacinthe—ïaceinte.

Hyacinthe, pour bague, est un
fort joli don........... *Nf.*
Hyacinthe autrefois fut chéri d'A-
pollon.................. *Nm.*

Hymne—imne.

Hymne, quant aux faux dieux,
est très-bon pour Vulcain. *Nm.*
Hymne de notre Eglise est bonne
à Saint-Martin......... *Nf.*

Hume — ûme.

Hume, vrai philosophe, est un auteur anglais . . . . *Nm.*
Hume une couple d'œufs, cela rend le teint frais . . . . *Vb.*

I.

Il — ile.

Il * est voleur, ton chat; je lui romprai l'échine . . . . *Pn.*
Il est toujours fort bon de savoir où l'on dîne . . . . *Pn*

Imposez — einpozé.

Imposez-en aux sots, nous voyons votre niche . . . . *Nf:*
Imposez, c'est fort bien, mais imposez le riche . . . . *Vb.*

Indienne.

Indienne habite l'Inde et prend les bains du Gange . . . . *Nf.*
Indienne, à peu de frais, t'habille comme un ange . . . . *Nf.*

(*) *Il.* Le premier mot *il* est pronom personnel des deux genres; mais le second est impersonnel et d'un seul genre, qui est le masculin.

Instant — ein-stan.

Instant, urgent, se dit du péril qui m'expose . . . . *A2.*

Instant suffit souvent pour la plus grande chose . . . . *Nm.*

Iris — irice.

Iris est une fleur au nombre des fleurettes . . . . *Nf.*

Iris !... le mépris suit de bien près les coquettes . . . . *Nf.*

J.

Jalousie — jalouzi.

Jalousie est un vice, hélas ! des plus honteux . . . . *Nf.*

Jalousie au balcon déplaît aux curieux . . . . *Nf.*

Jappe.

Jappe vient de japper ; le chien jappe sans cesse . . . . *Vb.*

Jappe est un vain caquet, de grands mots sans prouesse . . . . *Nf.*

Jeune — jene.

Jeune homme, instruis-toi bien ; réfléchis sur l'histoire.... *Nm.*

Jeune ou vieux, tôt ou tard on passe l'onde noire........ *A2.*

Joue — jou.

Joue un peu, cher enfant ; on ne lit pas toujours.......... *Vb.*

Joue arrondie et fraîche annonce les amours............... *Nf.*

Jour.

Jour qui frappe mes yeux, c'est la clarté qui brille.......... *Nm.*

Jour heureux, c'est l'instant où j'embrasse ma fille........ *Nm.*

Juda.

Juda, dans la Guinée, abonde en gros requins............. *Nm.*

Juda *, chez le marchand, découvre les coquins...... *Nm.*

Jura.

Jura, haute montagne, est un département.............. *Nm.*

(*) *Juda*. On appelle *juda* une ouverture pratiquée dans le plancher d'une boutique.

Jura

Jura-t-il sur l'autel, pour fausser son serment? .... *Vb.*

Juste.

Juste aime la justice; un toiseur, la justesse .... *A2.*

Juste!.... c'est lui qui vient; il tient bien sa promesse .... *Ad*

Juste s'entend encor du soulier qui me blesse .... *A2.*

L.

La.

La * pomme à la beauté; la rose à la plus sage .... *Ar.*

La récompense-t-on, la vertu du jeune âge? .... *Pn.*

La! la!

La! la! * rassurez-vous, votre mari respire .... *In*

(*) *La.* Le premier mot *La* est *article* et sujet du verbe *être*, sous-entendu; le second *La* est *pronom* relatif, et l'objet du verbe *récompenser.*

(*) *La! la!* — *La! la!* signifie ici *Paix! Holà!* et il est interjection; mais *dans l'homographe suivant, La-la* est adverbe, et veut dire *tout doucement.*

La la ; Gillot, en grec n'est pas un très-grand sire . . . . *Ad*

La Bruyère.

La Bruyère peint bien l'homme et son caractère . . . . *Nm.*

La bruyère, à Tartas, hérisse au loin la terre . . . . *Nf.*

Lâche.

Lâche un peu plus le fil, car il se cassera . . . . *Vb.*

Lâche comme Thersite, Achille te tuera . . . . *A2.*

La Fontaine.

La Fontaine est charmant ; il instruit et nous plaît . . . . *Nm.*

La fontaine d'eau fuit, tournez le robinet . . . . *Hf:*

La Grange.

La grange, en un moment, brûle dans l'incendie . . . . *Nf.*

La Grange-Chancel fit plus d'une tragédie . . . . *Nm.*

La Grange est très-profond dans la géométrie . . . . *Nm.*

Laisse — lace.

Laisse, attache, ou cordon sert à mener mon chien .... *Nf.*

Laisse-là tes romans, ils ne t'apprendront rien .... *Vb.*

La Porte.

La Porte est une cour qu'on a souvent trompée .... *Hf.*

La porte-t-on long-temps, la couronne usurpée? .... *He.*

La Porte préféra l'or à la renommée .... *Nm.*

Laque — lake.

Laque est une couleur, une gomme très-fine .... *Nf.*

Laque est un beau vernis qui nous vient de la Chine .... *Nm.*

Lardon.

Lardon, morceau de lard, est bon dans les salmis .... *Nm.*

Lardon, ou mot piquant, nous fait cent ennemis .... *Nm.*

Larron — lâron.

Larron, ô vil coquin ! toujours tu veux tromper ! . . . . *Nm.*
Larron est un faux pli caché dans mon papier . . . . *Nm.*

L'Épée — lépé.

L'épée, au fil tranchant, tue au son des tambours . . . . *Nf.*
Lépée est un savant qui fit parler les sourds . . . . *Nm.*

Le.

Le trident de Neptune est le sceptre du monde . . . . *Ar.*
Le veux-tu mon secours ? qu'un secours y réponde . . . . *Pn.*

Les — lè.

Les plus impertinens n'ont jamais dit, j'ai tort . . . . *Ar.*
Les voi-t-on, les petits, aidés par le plus fort ? . . . . *Pn.*

Le Sage.

Le Sage vit obscur, et coule d'heureux jours. . . . . *Hm.*
Le Sage a fait Gil-Blas, qui nous plaira toujours. . . . . . . *Nm.*

Le Temple — tanple.

Le Temple est, dans Paris, une vaste prison. . . . . *Hm.*

Le Temple est un lieu saint où je fais l'oraison. . . . . *Hm.*

Lettre — lètre.

Lettre, comme A-B-C, sert bien quand on imprime. . . . . . *Nf.*

Lettre honnête et polie attire notre estime. . . . . *Nf.*

Leur.

*Leur** injuste pouvoir finit dès qu'il commence. . . . . *Pn.*

Leur dit-on, aux gens sots, leur dit-on ce qu'on pense ? . . . *Pn*

Lice.

Lice, chienne de chasse, est pleine de courage. . . . . *Nf.*

Lice est une carrière où la lutte s'engage. . . . . *Nf.*

(*) *Leur.* Le premier homographe *Leur* est pronom variable et sujet du verbe *finir;* il peut prendre un *s* au pluriel, au lieu que le second est le complément de la préposition elliptique *a*, et demeure toujours invariable, quand il est immédiatement devant un verbe.

Liége — liéje.

Liége forme un bouchon pour mon
vin de Champagne...... *Nm.*
Liége, où lorgnait Lansberg, se
trouve en Allemagne..... *Nf.*

Lie — li.

Lie, au fond de mon vin, forme
un épais dépôt........... *Nf.*
Lie amitié, mon fils, mais non
avec un sot............. *Vb.*

Ligne.

Ligne à pêcher surprend le poisson qui s'abuse.......... *Nf.*
Ligne que l'on m'écrit, me console
ou m'amuse............. *Nf.*

Livre.

Livre d'huile ou de plume a même
pesanteur................ *Nf.*
Livre qui nous instruit est toujours
le meilleur............... *Nm.*
Livre-toi donc aux arts, mais forme
aussi ton cœur........... *Vb.*

L'Orient — l'oriyan.

L'Orient et le Nord sont deux points
cardinaux................ *Hm.*

L'Orient et Quimper sont au nord
de Bordeaux............ *Hm.*

Loue — lou.

Loue un appartement sous le premier étage............... *Vb.*

Loue un homme érudit, mais honore le sage............. *Vb.*

Louis — louï.

Louis est-il donc grand pour avoir
ſait la guerre?........... *Nm.*

Louis d'or dans mon coſſre, hélas!
ne brillent guère......... *Nm.*

Loir — loar.

Loir, au-dessous d'Angers, va couler promptement......... *Nf.*

Loir est un rat qui dort six mois
proſondément........... *Nm.*

Loupe.

Loupe se dit ſort bien d'une masse
de chair.............. *Nf.*

Loupe ou verre convexe, est bonne
pour voir clair.......... *Nf.*

Loutre.

Loutre est un animal dont le poil
est très-beau............ *Nf.*

Loutre s'entend encor d'un manchon, d'un chapeau ..... *Nm.*

Lui.

Lui, vient du verbe luire ; il a lui le grand jour .... *Pe*

Lui, c'est un imposteur ; il a plus d'un détour .... *Pn.*

Lunette — lunète.

Lunette d'Opéra doit être claire et nette .... *Nf.*

Lunette du privé..... bons dieux ! quelle lunette ! .... *Nf.*

Lustre.

Lustre bien allumé jette des feux brillans .... *Nm.*

Lustre, chez les Romains, venait tous les cinq ans .... *Nm.*

Lis — lice.

Lis, qui coule en Artois, fertilise la terre .... *Nf.*

Lis blanc comme la neige, est l'orgueil d'un parterre .... *Nm.*

M.

Ma.

Ma charité s'étend sur tout le pauvre monde .... *Pn.*

Ma foi ! sur l'avenir est bien fou qui se fonde.............. *In*

Mâche.

Mâche, salade douce, est très-bonne à manger.............. *Nf.*

Mâche long-temps ton pain, pour le mieux digérer......... *Vb.*

Magot — mâgô.

Magot qui vient de Chine, a la mine bizarre........... *Nm.*

Magot, amas d'argent, est couvé par l'avare............ *Nm.*

Maille — mâli-e.

Maille, obole, ou centime, on en fait peu de cas........... *Nf.*

Maille qui rompt soudain, fait des trous à mon bas........... *Nf.*

Main — mein.

Main fort belle s'entend parfois de l'écriture.............. *Nf.*

Main qui travaille trop a plus d'une foulure............... *Nf.*

Main de papier se fait à la manufacture.................. *Nf.*

Maître — mêtre

Maître qui nous instruit doit former notre cœur . . . . *Nm.*
Maître chez qui l'on sert veut un bon serviteur . . . . *Nm.*

Manche.

Manche de mon habit rime avec le dimanche . . . . *Nf.*
Manche de fouet s'entend ; il est bien plus d'un manche . . . *Nf.*
Manche, auprès de Calais, est la mer de la Manche . . . . *Nf.*

Manne — mâne.

Manne où je mets du linge est un large panier . . . . *Nf.*
Manne qui plut, dit-on ; fut un suc nourricier . . . . *Nf.*

Manœuvre — manevre.

Manœuvre d'un vaisseau veut un pilote habile . . . . *Nf.*
Manœuvre gagne peu, s'il est faible et débile . . . . *Nm.*

Marc — mar.

Marc est le résidu des raisins que l'on presse . . . . *Nm.*

Marc d'or et marc d'argent augmentent ma richesse..... *Nm.*

Marais — marè.

Marais rempli de joncs, loge bien des grenouilles........... *Nm.*

Marais, que l'on cultive, est rempli de citrouilles.......... *Nm.*

Marché.

Marché-je assez long-temps pour finir mon voyage?...... *Vb.*

Marché qui n'est pas cher, fait mieux vendre l'ouvrage... *Nm.*

Marché pour le poisson ne tient point grand herbage..... *Nm.*

Maréchal.

Maréchal de Villars valait seul une armée.................. *Nm.*

Maréchal, dit Sylvain, n'est point sans renommée........... *Nm.*

Maréchal, ferre donc ma bourrique éclopée............. *Nm.*

Marmotte.

Marmotte, dans son trou, se cache tout l'hiver.............. *Nf.*

Marmotte ta chanson, et dis bien ton *Pater*............... *Vb.*

Martin — martein.

Martin fut un guerrier bien digne
de mémoire . . . . *Nm.*
Martin l'âne se vend et s'achète à
la foire . . . . *Nm.*

Matin.

Matin et soir lisez Saint-Jérôme
et Lactance . . . . *Ad.*
Matin de notre vie, heureux temps
de l'enfance ! . . . . *Nm.*

Maxime.

Maxime sage tend à rendre nos
mœurs pures . . . . *Nm.*
Maxime de musique est de quatre
mesures . . . . *Nf.*
Maxime (*), usurpateur, périt par
le soldat . . . . *Nm.*
Maxime, autre tyran, fut lâche
et scélérat . . . . *Nm.*

Mémoire — mémoâre.

Mémoire qu'on surfait, porte plus
qu'il ne faut . . . . *Nm.*

(*) *Maxime.* Maxime, général romain, usurpa l'empire; il se rendit maître des Gaules, de l'Espagne, de l'Angleterre et de l'Italie; mais, il périt misérablement, ainsi que son fils Victor.

Mémoire du menteur est souvent en défaut . . . . *Nf.*

Ménage — ménaje.

Ménage est composé des meubles nécessaires . . . . *Nm.*

Ménage, mon ami, ménage tes affaires . . . . *Nm.*

Ménage, c'est l'époux, et l'épouse, et l'enfant . . . . *Nm.*

Ménage, auteur fameux, était un peu pédant . . . . *Nm.*

Menton.

Menton, en Italie, avait un vieux château . . . . *Nm.*

Menton et poil follet font voir un jouvenceau . . . . *Nm.*

Mépris — mépri.

Mépris prend l'auxiliaire; on peut bien se méprendre . . . . *Pe*

Mépris est pour le sot qui veut trop entreprendre . . . . *Nm.*

Mercure — merkure.

Mercure ou vif-argent, est souvent dangereux . . . . *Nm.*

Mercure est, dans le ciel, le messager des dieux . . . . *Nm.*

Mestre-de-camp.

Mestre-de-camp se dit de celui qui
commande . . . . *Nm.*

Mestre-de-camp comprend la compagnie en bande . . . . *Nf.*

Mie — mi.

Mie et croute du pain composent
ma substance . . . . *Nf.*

Mie ou bonne est un mot familier
chez l'enfance . . . . *Nf.*

Mille — mile.

Mille, dans l'Italie, est un très-court chemin . . . . *Nm.*

Mille écus, c'est fort bon ; mettez-les dans ma main . . . . *A2.*

Mine.

Mine d'or qu'on exploite est d'un
terrible abord . . . . *Nf.*

Mine gaie et riante enchante tout
d'abord . . . . *Nf.*

Mine vient de miner, pour renverser un fort . . . . *Vb.*

Minette.

Minette, sur les toits, a plus d'une
amourette . . . . *Nf.*

Minette a l'œil fripon, car c'est une brunette .... *Nf.*

Mineur.

Mineur cherche à miner sous une citadelle .... *Nm.*

Mineur est un enfant, un pupille en tutelle .... *Nm.*

Minute.

Minute d'un contrat s'écrit chez le notaire .... *Nf.*

Minute, un instant seul nous rend le sort contraire .... *Nf.*

Mire.

Mire de l'arme à feu se place près de l'œil .... *Nf.*

Mire-toi, petit fat, et vois ton sot orgueil .... *Vb.*

Mirent — mir.

Mirent-ils quelquefois le mérite à sa place? .... *Vb.*

Mirent * prend le pronom, pour se voir dans la glace ..... *Vb.*

---

* Ces belles dames se mirent sans cesse.

Mithridate. — *mitridate.*

Mithridate, une drogue, antidote ſameux.................. *Nm.*
Mithridate, autreſois, fut un roi valeureux............... *Nm.*

Mitre.

Mitre à coiffer l'Evêque est souvent destinée................ *Nf.*
Mitre, en tuile, du vent défend ma cheminée............ *Nf.*

Mode.

Mode de la Grammaire est au nombre des mots............. *Nm.*
Mode ſolle qu'on suit est le sceptre des sots............... *Nf.*

Mollet — *molè.*

Mollet, gras de la jambe, ou personne douillette......... *Nm.*
Mollet se dit d'un œuf qu'on mange à la mouillette........... *A2.*

Monceau — *monçô.*

Monceau d'or suffirait à peine à sa finance............... *Nm.*
Monceau, près la Corrèze, est un gros bourg de France.... *Nm.*

Monde.

Monde, c'est l'Eau, le Ciel, la Terre et l'Univers....... *Nm.*

Monde est un tas de gens dont l'avis est divers............... *Nm.*

Mons — monce.

Mons, terme de mépris ; mons Gilotin bredouille....... *A2*

Mons, au nord de Maubeuge, est au bord de la Trouille... *Nm.*

Montbron.

Montbron, sur la Tardouère, eut des Comtes ſort braves.... *Nm.*

Montbron s'immortalise avec ses Scandinaves............. *Nm.*

Montre.

Montre qui sonne l'heure est ma petite horloge........... *Nf.*

Montre-toi donc un peu ; sors enfin de ta loge............. *Vb.*

Montre sur la boutique a des bijoux qu'on ſorge............ *Nf.*

Morgue — morghe

Morgue d'une prison est un endroit affreux.............. *Nf.*

Morgue se dit des tons d'un homme dédaigneux............. *Nf.*

Mortier — mortié.

Mortier sert à lancer différens artifices.................. *Nm.*

Mortier, ciment épais, construit mille édifices........... *Nm.*

Mouche.

Mouche ton petit nez; mouche-toi donc morveux....... *Vb.*

Mouche qui m'importune et le mouchard sont deux..... *Nf.*

Moule.

Moule est un instrument pour fondre des métaux.......... *Nm.*

Moule, un petit poisson qui reste au fond des eaux......... *Nf.*

Mousse — mouce.

Mousse, qui grimpe aux mâts, doit être fort alerte...... *Nm.*

Mousse, qui garnit l'arbre, est une plante verte............. *Nf.*

Mousse du vin d'Arbois rend ma muse diserte............. *Nf.*

Mouton.

Mouton, pour les remparts, n'était
pas sans danger.......... *Nm.*

Mouton, que l'on engraisse, est
fort bon à manger...... *Nm.*

Mule.

Mule, aux harnais dorés, du Pape
est la monture........... *Nf.*

Mule, d'un pied mignon parfois
est la chaussure......... *Nf.*

Muse — muze.

Muses sur le Parnasse avaient une
demeure............... *Nf.*

Muses-tu, petit niais ? tu perdras
plus d'une heure......... *Vb.*

N.

Ne.

Ne *, s'emploie ou se laisse après
beaucoup s'en faut....... *Cn*

(*) *Ne*. Lorsque le mot *Ne* est simple particule, il y a des cas où il n'ajoute rien au sens de la phrase, et alors on l'emploie ou on le rejette à volonté. Exemple : Il s'en faut beaucoup que je *ne* sois, ou que je sois de votre avis. *Voyez* Wailly.

Ne vous déprisez pas, on vous prendrait au mot . . . . *Cn*

Neuf — neſe.

Neuf et neuf ſont dix-huit, selon mon bordereau *A2*:
Neuf ou vieux, donnez-moi, je vous prie, un manteau . . . . *A2*.

Noue — nou.

Noue ou Lanoue était un grand homme de guerre . . . . *Nm*.
Noue une belle intrigue et charme le parterre . . . . *Vb*.

Nuit — nui.

Nuit, que tu sembles longue à la douleur qui veille ! . . . . *Nf*.
Nuit-on aux gens, il ſaut s'attendre à la pareille . . . . *Vb*.

O.

O — ô.

O, qu'on chante à Noël, sur l'orgue va très-bien . . . . *Nm*.
O mon amie! quel sort! Dieu! quel sort est le mien ! . . . . *In*

Octave — oktave.

Octave, c'est huit vers ou bien une huitaine . . . . *Nm.*

Octave-Auguste avait pour ministre Mécène . . . . *Nm.*

Œillet — elyè.

OEillet, petit trou rond, sert pour mettre un lacet . . . . *Nm.*

OEillet, avec la rose, arrondit mon bouquet . . . . *Nm.*

Œuvres — evre.

OEuvres de charité se prêchent sans les faire . . . . *Nf.*

OEuvres d'un grand auteur sont les vers de Voltaire . . . . *Nf.*

Office — ofice.

Office de maison sert aux gens pour manger . . . . *Nm.*

Office de l'Eglise admet jusqu'au berger . . . . *Nm.*

Office que l'on rend, c'est afin d'obliger . . . . *Nm.*

Ombre.

Ombre d'Emilien ! . . . . triste et doux souvenir ! . . . . *Nf.*

Ombre, autour d'un portrait, le fait mieux ressortir . . . . *Nf.*

On.

On * est heureux, mon fils, quand on aime l'ouvrage . . . . *Pn.*
On est toujours bien belle, Eglé, quand on est sage . . . . *Pn.*

Or.

Or donc, se dit fort bien pour conclure un discours . . . . *Cn*
Or, ainsi que l'argent, a partout un grand cours . . . . *Nm.*

Orange.

Orange est une ville assez près d'Avignon . . . . *Nf.*
Orange est un beau fruit, moins doux que le brugnon . . . . *Nf.*

(*) *On.* Ces deux homographes sont formés par les genres; en effet, le pronom *on*, invariable pour le nombre, varie pour le genre, selon le nom auquel il se rapporte.

Ordre.

Ordre, ou l'arrangement, dans tout est nécessaire . . . . *Nm.*

Ordre le mieux suivi, c'est l'ordre un peu sévère . . . . *Nm.*

Ordre de Saint-Bernard régnait au monastère . . . . *Nm.*

Oublie — oubli.

Oublie est un croquet ſormé de sucre et d'œufs . . . . *Nf.*

Oublie un petit tort qui vient d'un malheureux . . . . *Vb.*

Outre.

Outre est un sac de cuir qu'Eole emplit de vents . . . . *Nf.*

Outre les gens d'esprit, on compte les savans . . . . *Pr*

Outre-t-on les propos, on les rend insolens . . . . *Vb.*

P.

Page

Page sert à la cour, chez les grands pleins d'orgueil . . . . *Nm.*

Page d'un petit livre est lue en un clin d'œil . . . . *Nf.*

Paillasse.

Paillasse ou paillasson se compose
de paille . . . . *Nf.*

Paillasse, plat bouffon, plaît fort
à la canaille . . . . *Nm.*

Palais — palè.

Palais sert à goûter mille mets
savoureux . . . . *Nm.*

Palais ! renfermez-vous beaucoup
de gens heureux ? . . . . *Nm.*

Palme.

Palme vient du palmier ; elle marque un vainqueur . . . . *Nf.*

Palme a, chez les Romains, huit
pouces de hauteur . . . . *Nm.*

Pan.

Pan de robe ou d'habit sert bien
pour m'arranger . . . . *Nm.*

Pan poursuivit Syrinx dans un lieu
bocager . . . . *Nm.*

Pantomime.

Pantomime est l'acteur qui s'exprime
par geste . . . . *Nm.*

Pantomime est la chose agréable ou
funeste . . . . *Nf.*

Pâque

Pâque — pâke.

Pâque * est haut dans un temps ;
dans un autre il est bas... *Nm.*
Pâque, que Jesus fit, se dit d'un
saint repas.............. *Nf.*

Par.

Par les lois du tyran on peut compter ses crimes........... *Pr*
Par **, du roi Henri huit fut l'une des victimes. . . . . *Nf.*

Parage.

Parage, mot ancien, des grands
peint l'importance. . . . . *Nm.*
Parage, sur la mer, est un espace
immense. . . . . *Nm.*
Parage est un travail aux vignes
de Valence. . . . . *Nm.*

(*) *Pâque.* Quand il signifie une époque, le mot *Pâque* est du genre masculin, et l'on dit : Pâque est haut, Pâque est bas cette année-ci.

(**) *Par.* Catherine *Par* ou *Parr* était la sixième épouse ou victime de Henri VIII, roi d'Angleterre. Comme elle ne pensait point sur

Parallèle.

Parallèle * se fait de deux hommes fameux. . . . . *Nm.*

Parallèle se dit de traits égaux entr'eux. . . . . *Nf.*

Partage.

Partage-t-on l'Empire et la couronne auguste ? . . . . *Vb.*

Partage ou lot du faible, hélas ! n'est jamais juste . . . . *Nm.*

Parterre.

Parterre que j'arrose est très-fertile en fleurs. . . . . *Nm.*

Parterre sous ma loge, a des sifflets moqueurs. . . . . . . *Nm.*

Parti.

Parti, pour revenir, reviendra-t-il jamais ? . . . . *Pe.*

Luther de même que son mari, ce tyran signa son arrêt de mort, et ce ne fut que par un pur hasard que cette vertueuse princesse échappa au supplice.

(*) *Parallèle.* Ce premier homographe signifie une *comparaison*, et le second une ligne de géométrie, et il est féminin.

Parti qu'on prend trop vîte, est souvent sans succès. . . . . *Nm.*

Pas — *pâ.*

Pas ; le premier qu'on fait décide dans la vie. . . . . *Nm.*

Pas du tout, toujours non; monsieur veut qu'on le prie. . . *Cn*

Pascal — *paskal.*

Pascal se dit du temps qui succède au Carême. . . . . . *A2.*

Pascal * sut, à neuf ans, résoudre un grand problème. . . . . *Nm.*

Passage — *paçaje.*

Passage de la mer peut vous mener en Thrace. . . . . *Nm.*

Passage que l'on cite est fort souvent d'Horace. . . . . . . *Nm.*

Passage est le gros sou qu'on paye au bout du pont. . . . . . *Nm.*

Passage, quand on chante, est un roulement prompt. . . . . *Nm.*

Passage d'un passant peint encor l'action. . . . . *Nm.*

(*) *Pascal.* En parlant de plusieurs papes, on écrit le mot *Paschal* avec un *h.*

Pâté.

Pâté d'encre est malpropre; il pourrait vous gâter. . . . . . . *Nm.*

Pâté de bons perdreaux compose mon dîner. . . . . *Nm.*

Pêche.

Pêche est un fruit superbe et de suave odeur. . . . . *Nf.*

Pêche de la morue occupe le pêcheur. . . . . *Nf.*

Peigne — pègne.

Peigne, orné de rubis, est un brillant ouvrage. . . . . *Nm.*

Peigne du pélerin est un beau coquillage. . . . . *Nm.*

Pendant — pendan.

Pendant, qui pend en bas, se dit de bien des choses. . . . . *Vb.*

Pendant que j'arrosais, Nina cueillait mes roses. . . . . *Pr*

Pendule — pandule.

Pendule à mon horloge imprime un mouvement. . . . . . . *Nm.*

Pendule sonne l'heure et marque le moment. . . . . *Nf.*

Pensée — pancé.

Pensée et violette entrent dans mon bouquet. . . . . *Nf.*

Pensée ingénieuse et bien juste nous plaît. . . . . *Nf.*

Pension — pencion.

Pension pour l'enfant doit être fort petite. . . . . *Nf.*

Pension, revenu, se doit au vrai mérite. . . . . *Nf.*

Pépin.

Pépin est ce qu'on trouve au milieu d'une pomme. . . . . *Nm.*

Pépin, fils de Martel, fut père d'un grand-homme. . . . . . . *Nm.*

Perche.

Perche, pays de France, a Mortagne et Bellesme. . . . . . . *Nm.*

Perche est un bon poisson pour faire mon Carême. . . . . *Nf.*

Perche s'entend encor d'un long et grand bâton. . . . . . . *Nf.*

Perche-toi sur mon doigt, vole, petit mignon. . . . . *Vb.*

Période.

Période se dit pour le plus haut
degré. . . . . *Nm.*
Période, en grammaire, est un mot
consacré. . . . . *Nf.*

Perroquet — pèrokè.

Perroquet, grand parleur, est un
fort bel oiseau. . . . . . . *Nm.*
Perroquet est un mât tout au haut
d'un vaisseau. . . . . *Nm.*

Perse — perce.

Perse est un grand royaume où
vivent les Persans. . . . . . *Nf.*
Perse, ainsi que Boileau, fit des
vers pleins de sens. . . . . *Nm.*

Personne.

Personne n'est venu, pas même un
farfadet. . . . . *Nm.*
Personne aimable et douce, ah !
qui ne l'aimerait ! . . . . . *Nf.*

Peste — pèste.

Peste contagieuse a bien plus d'un
danger. . . . . *Nf.*
Peste soit du bavard ! qu'il me fait
enrager ! . . . . *In*

Peuple — peple.

Peuple le sol pierreux de jeunes arbrisseaux. . . . . *Vc.*

Peuple! comme on t'endort de mille contes sots!. . . . . *Nm.*

Peut — peu.

Peut-on tout en un jour ? attendons à demain. . . . . . . *Vb.*

Peut-être n'est point sûr ; je veux tenir en main. . . . . *Ad*

Phaéton — faéton.

Phaéton est le nom d'un char des plus légers. . . . . *Nm.*

Phaéton l'imprudent périt dans les dangers. . . . . *Nm.*

Phalaris — Falarice.

Phalaris est le nom d'une assez belle plante. . . . . *Nm.*

Phalaris autrefois fut tyran d'Agrigente. . . . . *Nm.*

Phèdre — fèdre.

Phèdre, auteur fabuliste, est clair, pur, élégant. . . . . *Nm.*

Phèdre eut pour Hippolyte un odieux penchant. . . . . . *Nf.*

Pic — pike.

Pic, à lever la pierre, est un bon instrument. . . . . *Nm.*
Pic de la Mirandole écrivit savamment. . . . . *Nm.*

Pie — pi.

Pie est un gros oiseau bavard et très-voleur. . . . . *Nf.*
Pie ou bien noir et blanc, indique la couleur. . . . . *A2.*
Pic, en vainquant Sélim, acquit un grand honneur. . . . *Nm.*

Pied — pié.

Pied de roi qui mesure est très-long à Nankin . . . . *Nm.*
Pied, qui sert à marcher, est mignon à Pekin. . . . . *Nm.*

Pierre — pière.

Pierre de taille est bonne à plus d'un bâtiment. . . . . . . *Nf.*
Pierre fine, à mon doigt, est un beau diamant. . . . . *Nf.*
Pierre-de-touche indique un or plein d'alliage. . . . . . . *Nf.*
Pierre Alexiowitz fut un grand personnage. . . . . *Nm.*

Pilate — pilâte.

Pilate, chez les Juifs, meurt de sa propre main. . . . . *Nm.*

Pilate *, en son ballon, périt avec Romain. . . . . *Nm.*

Pipe.

Pipe du Turc qui fume a souvent plus d'une aune. . . . . . . *Nf.*

Pipe ou tonneau s'emplit d'excellent vin de Beaune . . . . *Nf.*

Pique — pike.

Pique est un bois armé pour combattre de front. . . . . . . *Nf.*

Pique un peu tes chevaux, puis ils chemineront . . . . . . *Vb.*

Pis — pi.

Pis, tétine de vache, est tout gonflé de lait. . . . . *Nm*,

Pis veut dire plus mal, qui nuit ou qui déplaît. . . . . *Ad*

Pivoine — pivoâne.

Pivoine est une fleur qui n'est pas sans beauté. . . . . *Nf.*

(*) *Pilate. Pilate* ou *Pilatre* des Rosiers, né à Metz en Lorraine, en 1750.

Pivoine est un oiseau qui chante
avec gaîté. . . . . *Nm.*

Place.

Place, emploi qu'on occupe, exige
du talent. . . . . *Nf.*
Place bien tous tes fonds, et veille
à ton argent. . . . . *Vb.*

Plane.

Plane est un instrument dont l'a-
cier répercute. . . . . *Nf.*
Plane est un fort bel arbre à tous
les vents en butte. . . . . . *Nm.*
Plane-t-on dans les airs, on fait
bientôt culbute. . . . . *Vb.*

Plante.

Plante qui croît partout, cause
moins d'embarras. . . . . . . *Nf.*
Plante un bon arbre à fruit, c'est
meilleur qu'un lilas. . . . . . *Vb.*

Plat — plâ.

Plat, lâche, adulateur, n'a que
honte et mépris. . . . . . . *A2.*
Plat de haricots secs ne vaut pas
des perdrix. . . . . *Nm.*

Plie — pli.

Plie est un poisson plat qui vit dans l'eau profonde. . . . . . . *Nf.*

Plie un peu ton humeur, pour vivre avec le monde. . . . . *Vb.*

Plume.

Plume pour l'écriture, est bien dans l'encrier. . . . . *Nf.*

Plume le dindonneau sans le faire crier. . . . . *Vb.*

Plut — plu.

Plut-il hier matin sur les fleurs du parterre ? . . . . *Vb.*

Plut-elle enfin l'actrice aux plaisans du parterre ? . . . . *Vb.*

Poêle

Poêle, qui nous réchauffe, est plein de braise ardente. . . . . . *Nm.*

Poêle à frire a la queue un peu embarrassante. . . . . *Nf.*

Point — pouin.

Point qu'on fait à mon bas n'est pas un grand ouvrage. . . *Nm.*

Point d'argent, point de Suisse ; il ſaut plier bagage. . . . . *Cn*

Polacre — polakre.

Polacre est un navire à rame et bon voilier. . . . . *Nm.*

Polacre est en Pologne un brave cavalier. . . . . *Nm.*

Poli.

Poli, vient de polir avec la pierre-ponce. . . . . *Pe.*

Poli, civil, honnête, Atticus ſait réponse. . . . . *A2.*

Pompe — ponpe.

Pompe est une machine à ſaire monter l'eau. . . . . *Nf.*

Pompe, ſaste, appareil, vous creusez mon tombeau. . . . . . *Nf.*

Port — por.

Port ſ'exprime l'argent des lettres qu'on m'apporte. . . . . . *Nm.*

Port d'un vaisseau se dit des tonneaux qu'il transporte. . . *Nm.*

Port de Brest a des ſorts qui ſont sa sûreté. . . . . *Nm.*

Port, grand air, dans Junon vous peint la majesté. . . . . . *Nm.*

Porte.

Porte de mon salon s'ouvre à double battant. . . . . *Nf.*

Porte avec nous le faix, pour qu'il soit moins pesant. . . . . . *Vb.*

Porte-toi bien, adieu; sois joyeux et content . . . . *Vb.*

Poste.

Poste aux lettres, se dit aussi pour les chevaux. . . . . *Nf.*

Poste éminent exige en tout temps des travaux. . . . . *Nm.*

Potager — potajé.

Potager de Pierrot contient tout le dîner. . . . . *Nm.*

Potager, au temps chaud, doit toujours s'arroser. . . . . . . *Nm.*

Pouce.

Pouce du pied de roi vous sert pour la mesure. . . . . . . *Nm.*

Pouce, gros doigt des mains, guide dans l'écriture. . . . . . . *Nm.*

Pour.

Pour qui ne sait se vaincre il n'est point de victoire. . . . . . *Pr*

Pour peu qu'il réussisse, un sot s'en fait accroire. . . . . *Ad*

Pourpre.

Pourpre est un mal affreux; c'est une dignité. . . . . *Nm.*

Pourpre est une couleur d'une grande beauté. . . . . *Nf.*

Poussin.

Poussin, sortant de l'œuf, est un petit poulet. . . . . *Nm.*

Poussin, ou le Poussin, peignit comme Vernet. . . . . *Nm.*

Présent — prézan.

Présent, don ou cadeau, nous fait toujours plaisir. . . . . . . *Nm.*

Présent, parlant du temps, vaut mieux que l'avenir. . . . . *Nm.*

Prêt — pré.

Prêt, toujours disposé, c'est monsieur Prêt-à-boire. . . . . *A2.*

Prêt d'argent me rend sourd; adieu, mon cher Grégoire . . . . *Nm.*

Prête.

Prête-moi ton chapeau, pour mettre sur ma tête. . . . . *Vb.*

Prête à rendre service, à chacun Laïs prête. . . . . . . *A2.*

Prévalais — valè.

Prévalais, en Bretagne, offre un gras pâturage. . . . . *Nf.*

Prévalais-tu sur moi? c'est un faible avantage. . . . . *Vb.*

Privé.

Privé d'argent, de pain, n'est pas dans l'abondance. . . . . . *A2.*

Privé, vous savez bien que c'est un lieu d'aisance. . . . . *Nm.*

Propre.

Propre, se dit du nom dont je puis m'appeler. . . . . *A2.*

Propre aux arts qu'on enseigne, il faut les cultiver. . . . . *A2.*

Propre et mis avec goût, on sait nous attirer. . . . . *A2.*

Prudence — ance.

Prudence, sois mon guide et ma divinité. . . . . *Nf.*

Prudence est un auteur qui n'est pas sans beauté. . . . . . . *Nm.*

Puis — pui.

Puis, qui vient de pouvoir, se dit aussi je peux. . . . . *Vb.*

Puis signifie ensuite ; il en prit un, puis deux. . . . . *Ad*

Pus — pu.

Pus, avec le pronom, vient du verbe Pouvoir. . . . . *Vb.*

Pus, qui sort d'une plaie, est formé d'un sang noir. . . . . . . *Nm.*

Put — pu.

Put-il marcher pieds nus pendant tout le voyage ?. . . . . *Vb.*

Put-il assez le doigt qui touche au vieux fromage ?. . . . . . . *Vb.*

Q.

Quartier — kartié.

Quartier de noix se dit comme un quartier d'agneau. . . . . . *Nm.*

Quartier où je demeure, est tout au bord de l'eau. . . . . . *Nm.*

Quartier s'accorde bien aux soldats d'une armée. . . . . *Nm.*

Quartier s'entend aussi de trois mois de l'année. . . . . *Nm.*

Que — ke.

Que les talens sont beaux quand la vertu les pare !. . . . . . *Ad*

Que peut-on espérer d'un détestable avare ?. . . . . *Pn.*

Quelque — kelke.

Quelque * rat aurait-il rongé ma pauvre veste ?. . . . . *Pn.*

Quelque talent qu'on ait, il faut être modeste. . . . . *A2.*

Quelque riche qu'il soit, Orgon veut tout son reste. . . . . *Ad*

Question — kèstion.

Question sotte annonce un excès d'ineptie. . . . . *Nf.*

Question ou supplice, est une barbarie. . . . . *Nf.*

Queux — keu.

Queux se dit d'une pierre utile au coutelier. . . . . *Nm.*

Queux, chez nos anciens rois, était un cuisinier. . . . . . *Nm.*

(*) *Quelque. Aliquis* pour le premier homographe, *qualiscunque* pour le second, et *quantumcunque* pour le troisième.

Qui — ki.

Qui peut tout ce qu'il veut, veut plus que ce qu'il doit. . . *Pn.*
Qui peut donc tout prévoir ? c'est Dieu qui le prévoit. . . . . *Pn.*
Qui va là ?... je te tue.... arrête en cet endroit. . . . . *In*

Quintal — keintal.

Quintal se dit d'un poids de cent livres pesant. . . . . *Nm.*
Quintal, ou grosse cruche, est trop lourd en puisant . . . . . *Nm.*

R.

Racine.

Racine qui nourrit se sème dans la terre. . . . . *Nf.*
Racine écrit bien mieux que Corneille et Voltaire. . . . . . *Nm.*

Raie — rè.

Raie est un poisson plat et laid à faire peur . . . . *Nf.*
Raie, ou trait d'écriture, a très-peu de largeur. . . . . . . *Nf.*

Rame.

Rame de bon papier, renferme en tout vingt mains. . . . . *Nf.*

Rame de bateau plat, fait bien des cals aux mains. . . . . . . *Nf.*

Rameau — ramô.

Rameau de quinquina pousse dans l'Amérique. . . . . *Nm.*

Rameau fit, pour son temps, de fort belle musique. . . . . *Nm.*

Rampe.

Rampe donc, vil esclave, aux pieds d'un fier sultan. . . . . . . *Vb.*

Rampe de l'escalier me soutient en montant. . . . . *Nf.*

Réclame — réklâme.

Réclame est une marque en musique propice. . . . . *Nf.*

Réclame du chasseur à l'oiseau sert d'indice. . . . . *Nm.*

Réclame donc tes droits, et demande justice. . . . . . . *Vb.*

Récompense — panse.

Récompense le juste et punis l'imposteur. . . . . *Vb.*

Récompense bien douce est celle de l'honneur. . . . . *Nf.*

Remise-remize.

Remise est un endroit pour placer ma voiture. . . . . *Nf.*

Remise d'un paîment cause plus d'un murmure. . . . . . . *Nf.*

Repartir.

Repartir, c'est aller de nouveau dans l'Afrique. . . . . . . *Vb*

Repartir, c'est répondre et faire une réplique. . . . . *Vb*

Ressortir.

Ressortir *, au palais, marque la dépendance. . . . . *Vb*

Ressortir pour rentrer, c'est facile à la danse. . . . . *Vb*

Reste — rèste.

Reste du gros pâté peut servir pour demain. . . . . *Nm.*

(*) *Ressortir.* Ce premier verbe se conjugue ainsi : je *ressortis*, nous *ressortissons*, etc. ; et le second fait : je *ressors*, nous *ressortons*, etc.

Reste ferme à ton poste, et sois homme de main. . . . . . *Vb.*

Revenu.

Revenu du rentier à vue d'œil le dégraisse. . . . . *Nm.*

Revenu de si loin, on raconte sans cesse. . . . . *Pe.*

Richard — richâr.

Richard s'entend d'un riche au cœur dur et peu juste. . . *Nm.*

Richard Cœur-de-Lion, vainquit Philippe-Auguste. . . . *Nm.*

Richelieu.

Richelieu, sur l'Amable, est une ville en France. . . . . . . *Nm.*

Richelieu *, des Bourbons ébranla la puissance. . . . . *Nm.*

(*) *Richelieu.* Voyez l'histoire des *Représailles*, articles *Charles I*, et *Colonies Anglaises*, etc. Avant de fomenter les guerres civiles qui conduisirent Charles à l'échafaud, on citait déjà cette lettre du cardinal despote : *Le roi d'Angleterre, avant un an, verra qu'il ne faut pas me mépriser.*

Ridicule — ridikule

Ridicule une fois, on vous le croit toujours. A2

Ridicule est un sac des dames de nos jours. . . . . Nm

Rien.

Rien n'est beau que le vrai, le juste et la raison. . . . . Nm

Rien ou très-peu d'argent, et du mal à foison. . . . . Ad

Rien, est tantôt adverbe et tantôt il est nom. . . . . Nm.

Ris — ri.

Ris, jeux, graces, plaisirs, qu'êtes-vous devenus ? . . . . Nm

Ris donc de l'ignorance et des sots parvenus. . . . . Vb.

Rogatons — âtons.

Rogatons, des papiers qui n'ont nulle importance. . . . . . Nm

Rogatons *, mets communs, des gueux font la pitance. . . . Nm

(*) *Rogatons*. Signifiant des restes, le mot *Rogatons* est toujours au pluriel suivant l'Académie ; mais la premier homographe peut se dire au singulier.

Romaine — romène.

Romaine par le cœur, Jeanne en eut la prestance. . . . . *A2.*

Romaine, une laitue, est énorme à Florence. . . . . *Nf.*

Romaine, pour peser me sert bien de balance. . . . . . *Nf.*

Rossignol.

Rossignol et Roland primaient dans l'écriture. . . . .*Nm.*

Rossignol au poignet, s'entend d'une ſoulure. . . . .*Nm.*

Rossignol est ſameux chez les oiseaux chanteurs. . . . .*Nm.*

Rossignol ouvre tout; c'est la clef des voleurs. . . . .*Nm.*

Rousseau — rouçô.

Rousseau se dit du poil ou bien de la figure. . . . .*A2.*

Rousseau, nouveau Pindare, est brillant sans enflure. . . . .*Nm.*

Rousseau, l'auteur d'Emile, embellit la nature. . . . .*Nm.*

Rue — ru.

Rue est un long chemin où je passe en berline. . . . . *Nf.*

Rue, hèrbe ſort amère, eſt bonne en médecine. . . . . *Nf.*
Rue ainsi qu'un cheval qu'un méchant ruſtre échine. . . . . *Vb.*

S.

Sabbat — saba.

Sabbat eſt, chez les Juifs, jour du repos heureux. . . . . . . *Nm.*
Sabbat, chez nous, indique un bacchanal affreux. . . . . . . *Nm.*

Sac — çake.

Sac à blé, sac à grain, tout sac eſt fort utile. . . . . *Nm.*
Sac se dit quand on pille et qu'on brûle une ville. . . . . . . *Nm.*

Sabot — sabô.

Sabot qu'un marmot ſouette a pour lui mille appas. . . . . *Nm.*
Sabot que met Suzon se casse d'un ſaux-pas . . . . *Nm.*

Sale.

Sale un peu cette viande, et goûte le bouillon. . . . . *Vb.*

Sale,

Sale, malpropre et noir, reste avec cendrillon.............. *A2.*

Salon.

Salon, sur la Craponne, est près d'Aix en Provence...... *Nm.*

Salon, orné d'un lustre, est propice à la danse.............. *Nm.*

Santé.

Santé, toste en trinquant, fait boire la rasade.............. *Nf.*

Santé m'offre un trésor que cherche le malade........... *Nf.*

Savoyard.

Savoyard prend naissance au pays de Savoie.............. *Nm.*

Savoyard, ramoneur, part vîte où je l'envoie.............. *Nm.*

Secrétaire — cekrètèr.

Secrétaire aux papiers, sert aussi pour l'argent.............. *Nm.*

Secrétaire d'Etat voit maint et maint agent.............. *Nm.*

Sens — san.

Sens-tu, comprends-tu bien ce passage d'Orose?......... *Vb.*

Sens-tu certaine odeur qui ne sent point la rose ?........... *Vb.*

Serre — Cèr.

Serre bien tes écus au fond d'un coffre-fort.............. *Vb.*

Serre-moi dans tes bras et serre-moi bien fort............... *Vb.*

Service.

Service d'un valet est payé par les maîtres................. *Nm.*

Service que l'on rend fait souvent de grands traîtres........ *Nm.*

Service, pour un mort, afflige un bon parent............. *Nm.*

Service, plat, cuillers, est d'étain ou d'argent............ *Nm.*

Si — ci.

Si, note de musique, est très-bon pour solfier.............. *Nm.*

Si fait, ou si vraiment, est un mot familier............... *Ad*

Si tu te fais brebis, le loup va te manger............... *C[illegible]*

Singulier — lié.

Singulier marque un seul, en terme de grammaire........... *Nm.*

Singulier, Ostrogoth, est d'une humeur contraire .... *A2*.

Soit — soâ.

Soit est au conjonctif; ce mot vient du verbe Être .... *Vb*.

Soit qu'il entre ou qu'il sorte, un sot se fait connaître ...... *Cn*

Sol.

Sol se dit d'un terrain gras, fertile ou pierreux .... *Nm*.

Sol, la, si, ut, ré, mi, sont fort harmonieux .... *Nm*.

Sole.

Sole est un certain champ dont le produit diffère .... *Nf*.

Sole, aux pieds d'un cheval est de corne qu'on ferre .... *Nf*.

Sole est un poisson plat que le Normand préfère .... *Nf*.

Solitaire — solitère.

Solitaire vit seul; pour lui rien n'est plus doux .... *Nm*.

Solitaire est un jeu rempli de petits trous .... *Nm*.

Somme.

Somme, fardeau qui pèse, est d'un poids assommant....... *Nf.*

Somme-le de se rendre, et le plus promptement........... *Vb.*

Somme profond qu'on fait repose doucement.............. *Nm.*

Somme est auprès d'Amiens, et coule en Picardie....... *Nm.*

Somme d'or ou d'argent fait tout dans cette vie........... *Nf.*

Somme, de Saint-Thomas prolonge l'insomnie.............. *Nf.*

Son.

Son humeur est plaisante, et quelquefois bizarre...... *Pn.*

Son des écus réveille et fait pâlir l'avare................... *Nm.*

Sonde.

Sonde, détroit dans l'Inde, est près de Sumatra............ *Nf.*

Sonde un peu le terrain, son cœur *et cœtera*............... *Vb.*

Songe.

Songe d'ambitieux est souvent un délire.................. *Nm.*

Songe à ceux qui n'ont rien, peu saura te suffire.......... *Vb.*

Sonnez — soné.

Sonnez, ou deux fois six, au trictrac se combine.......... *Nm.*

Sonnez bien doucement, vous verrez Colombine.......... *Vb.*

Sort — sor.

Sort-il un peu l'enfant ? c'est bon pour la santé.......... *Vb.*

Sort cruel ! m'as-tu donc assez persécuté ?.......... *Nm.*

Sorte.

Sorte, espèce, s'entend des gens de toutes sortes.......... *Nf.*

Sorte vient de sortir ; qu'il entre ou bien qu'il sorte.......... *Vb.*

Souci.

Souci, petite fleur, ainsi que la pensée.......... *Nm.*

Souci, peine d'esprit, tu troubles ma pensée.......... *Nm.*

Soude.

Soude vient du kali qui croît près de la mer.......... *Nf.*

Soude vient de souder l'or, l'argent ou le fer.......... *Vb.*

Soufflet — souflè.

Soufflet souffle bien mieux quand il a double vent.......... *Nm.*
Soufflet, avec la main, s'applique à l'insolent.............. *Nm.*

Souris — souri

Souris-tu donc aux gens avec cet air moqueur?.......... *Vb.*
Souris de la beauté peut conquérir un cœur.............. *Nm.*
Souris qui voit le chat s'enfuit et court de peur.......... *Nf.*

Statue — statu.

Statue, ordonne enfin ce qu'il est bon de faire.............. *Vb.*
Statue en marbre est due à ce dieu tutélaire.............. *Nf.*

Sterling — stèrlin.

Sterling, livre sterling en deniers se divise.............. *A2.*
Sterling, ville d'Ecosse, n'est pas sur la Tamise.......... *Nm.*

Sueur.

Sueur *, coulant du front, marque un chaud qui m'accable·· *Nm.*

Sueur; dites Le Sueur, fut un peintre admirable·········· *Nm.*

Sur.

Sur, ou Tyr, eut jadis de fameux commerçans·········· *Nm.*

Sur, acide, aigrelet, le fruit plaît aux enfans·············· *A2.*

Sur toi seul souviens-toi de fonder en tout temps·········· *Pr*

T.

Tac — take.

Tac, pour la bête à laine, est un poison malin·········· *Nm.*

Tac-tac, à temps égaux, s'entend dans le moulin·········· *Nm.*

Tâche.

Tâche * bien commencée est plus qu'à demi faite·········· *Nf.*

---

* *Sueur.* Cet homographe est de deux syllabes en vers, et le second n'en a qu'une.

* *Chi ben commincia ha la metà del opra.*

Tâche-t-on d'obliger ; l'ame est plus satisfaite . . . . *Vb.*

Taille.

Taille haute en impose ; ah ! la belle stature ! . . . . *Nf.*

Taille à ton gré mon drap, mais prends bien ta mesure . . . . *Vb.*

Taille, gabelle, impôts, causent plus d'un murmure . . . . . . *Nf.*

Taille se dit du sabre, en parlant du tranchant . . . . *Nf.*

Taille dans la musique, est relative au chant . . . . *Nf.*

Tapir.

Tapir, c'est se coucher ou se courber en deux . . . . *Vb*

Tapir, gros quadrupède, est triste et ténébreux . . . . *Nm.*

Temple — tanple.

Temple de Mahomet n'est point le Panthéon . . . . *Nm.*

Temple exige l'article ainsi que l'Odéon . . . . *Nm.*

Temple est un écrivain du pays de Thompson . . . . *Nm.*

Tendre — tandre.

Tendre mère nourrit ses enfans de son lait . . . . *A2.*

Tendre droit à son but est toujours plutôt fait . . . . *Vb.*

Terme — tèrme.

Terme pour le discours n'est pas toujours le même . . . . *Nm.*

Terme payable à Pâque abrège le Carême . . . . *Nm.*

Terne — tèrne.

Terne, obscur, se dit bien d'une glace ternie . . . . *A2.*

Terne est un lot qu'on rate à chaque loterie . . . . *Nm.*

Tigre.

Tigre est un animal féroce et sanguinaire . . . . *Nm.*

Tigre, auprès de Bagdad, promène une onde claire . . . . *Nm.*

Tigre vous peint aussi Carrier ou Robespierre . . . . *Nm.*

Timon.

Timon d'une voiture accroche le passant . . . . *Nm.*

Timon le misantrope était triste et méchant . . . . *Nm.*

Tombe.

Tombe ! hélas ! tu seras ma dernière demeure ! . . . . *Nf.*
Tombe, petit marmot, je te fouette sur l'heure . . . . *Vb.*

Ton

Ton bien fermé en impose ; il fait tout en musique . . . . *Nm.*
Ton pouvoir est d'un jour, s'il devient tyrannique . . . . *Pn.*

Tonne.

Tonne, grand Jupiter, mais n'écrase personne . . . . *Vb.*
Tonne est un gros tonneau qu'on remplit en automne . . . . . . *Nf.*

Tours — tour.

Tours, pour prendre un peu l'air, se font sur les remparts . . . *Nm:*
Tours de force ; il en faut pour primer dans les arts . . . . . . *Nm:*

Toute.

Toute friponnerie, enfin gâte une cause . . . . *A2.*

Toute * sage qu'on soit, Iris, sachez qu'on glose.......... *Ad*

Trait — trè.

Trait de plume se dit en parlant d'écriture................ *Nm.*
Trait est bien employé pour peindre la figure.............. *Nm.*
Trait vient de traire; on trait la vache près du veau....... *Vb.*
Trait d'esprit ou du cœur charme quand il est beau....... *Nm.*

Trente — trante.

Trente francs en gros sous, à compter c'est facile....... *A2:*
Trente, au cercle de Suabe, eut un fameux concile........... *Nf.*

Tricot — trikô.

Tricot, c'est un bâton court et noueux qu'on ferre....... *Nm.*
Tricot se dit du bas que fait la ménagère................. *Nm.*
Vallard, Lhomond, remplacent Despautère....... *Nm.*

---

* *Toute. Toute* est ici adverbe, et il ne prend l'e que par euphonie.

Trompe.

Trompe ou cor du chasseur, au
fond des bois résonne.... *Nf.*
Trompe vient de tromper; ah! ne
trompons personne!..... *Vb.*

Trompette.

Trompette aux sons aigus, réveille
par son bruit........... *Nf.*
Trompette voit souvent plus d'un
poltron qui fuit.......... *Nm.*

Tronc — tron.

Tronc d'un arbre touffu soutient
toutes les branches...... *Nm.*
Tronc d'église s'emplit les fêtes,
les dimanches........... *Nm.*

Tu.

Tu, forme un participe et vient du
verbe Taire............. *Pe*
Tu ne possèdes rien, si tu n'as l'art
de plaire............... *Pn.*

U.

Un

Un sot en place veut qu'un bel esprit le loue............. *Ar.*

Un *, deux, cinq et trente-sept sont sortis de la roue .... *Nm.*

Urbain — urbèin.

Urbain quatre fut pape et fils d'un savetier .... *Nm.*
Urbain qu'on brûla vif, est le pauvre Grandier .... *Nm.*
Urbain, en Italie, eut des ducs de Rovère .... *Nm.*
Urbain, Pougens, Sicard, priment dans la grammaire .... *Nm.*

Usez — uzé.

Usez, n'abusez point; madame, en usez-vous? .... *Vb.*
Usez-vous bien vos gants? y faites-vous des trous? .... *Vb.*

Usure — uzur.

Usure est l'intérêt qu'un juif prend de l'argent .... *Nf.*
Usure peint l'état de mon vieux vêtement .... *Nf.*

---

* *Un*. Le mot *un* est ici un nom, et l'on dit le *un* et le *cinq* m'ont donné un ambe.

Ut — utte.

Ut alonge le bec de nos mauvais chanteurs.................. *Nm.*
Ut * est un mot latin connu des imprimeurs.............. *Pr*

V.

Va.

Va tout droit à ton but, et ta main l'atteindra.......... *Vb.*
Va, coquin !... tôt ou tard sois sûr qu'on t'y prendra....... *In*

Vague — vaghe.

Vague des vastes mers cache un gouffre effroyable........ *Nf.*
Vague, indéterminé, tu ne fais rien de stable................ *A2.*

Vallée — valé.

Vallée, entre deux monts, va tout en descendant.......... *Nf.*
Vallée est un endroit où le gibier se vend.................. *Nf.*

---

* *Ut. tibi prosit mori potio boni !....*

Va les — valè.

Va les voir de bien près... oh ! que de platitudes !.............*Hpn:*

Va ! les hommes brillans cachent cent turpitudes !.........*Har:*

Vase — vâze.

Vase épaisse et fangeuse est au fond des marais..........*Nf.*

Vase de marbre antique orne bien un palais...............*Nm.*

Veille — véliye.

Veille, application, mûrit bien une affaire................*Nf.*

Veille, du lendemain le plus souvent diffère.............*Nf.*

Veille, ou temps de dormir, se passe dans la nuit.......*Nf.*

Veille toi-même à tout, car le mauvais soin nuit...........*Vb.*

Verbe — vèrbe.

Verbe est un mot qui peint l'état ou l'action..............*Nm.*

Verbe, ton haut, s'entend de la présomption............*Nm.*

Vermicelle — vèrmichel.

Vermicelle * est ſameux par son escamotage . . . . *Nm.*

Vermicelle ou semoule, est fort bon en potage . . . . *Nm.*

Vers — vèr.

Vers charmans de Virgile ! ils peignent la nature . . . . *Nm:*

Vers rongeurs ! tout, hélas ! devient votre pâture ! . . . . . . *Nm:*

Vers le déclin de l'âge, on gronde et l'on murmure . . . . *Pr*

Vesse — vèce.

Vesse de loup poudreuse est un vieux champignon . . . . . . *Nf.*

Vesse, qui part sans bruit, fait ſuir mon compagnon . . . . *Nf.*

Vigogne.

Vigogne, est un mouton de certaine grosseur . . . . *Nm.*

---

* *Vermicelle.* Vermicelle escamota un jour la montre, le mouchoir et la calotte de l'abbé Nollet. Prononcez *Vermichel* et non *Vermicel*, que l'usage proscrit de concert avec le principe.

Vigogne ou laine fine, a bien plus de valeur . . . . *Nf.*

Vilaine — vilène.

Vilaine est en Bretagne, et c'est une rivière . . . . *Nf.*

Vilaine n'est point belle, et souvent elle est fière . . . . *A2.*

Vire.

Vire, au sud de Bayeux, peut très-bien se montrer . . . . . *Nf.*

Vire le cap au nord, si tu sais le virer . . . . *Vb.*

Vit-on — viton.

Vit-on bien de pain seul, même dans la prison ? . . . .*Hpn.*

Vit-on jamais l'orgueil consulter la raison ? . . . .*Hpn.*

Vive.

Vive, gaie et follette, Armandine est charmante . . . . *A2.*

Vive une femme aimable, instruite et complaisante ! . . . . *InT*

Vive est un bon poisson que je pêche à Tarente . . . . *Nf.*

Vogue — voghe.

Vogue au loin sur les mers, mais non pas en pirogue ..... *Vb.*

Vogue ou crédit s'entend ; le Normand a la vogue .... *Nf.*

Voile — voâle.

Voile, sur un vaisseau se tourne à tous les vents .... *Nf.*

Voile, Eglé, tes appas, ils seront plus piquans .... V*b.*

Voiture.

Voiture et bons chevaux voyagent jour et nuit .... *Nf.*

Voiture écrivait bien ; c'était un bel esprit .... *Nm.*

Vol.

Vol, élan du génie, est plus prompt que l'éclair .... *Nm.*

Vol des petits voleurs, les fait suspendre en l'air .... *Nm.*

Volant — volan.

Volant, bien emplumé, me sert d'amusement .... *Nm.*

Volant beaucoup trop haut on tombe promptement .... *Pe*

Volée — volé.

Volée ou bien l'essor se prend par le pigeon . . . . Nf.

Volée est dite aussi de grands coups de bâton . . . . Nf.

Volez — volé.

Volez, petits oiseaux, chantez dans mon bosquet . . . . Vb:

Volez, fripons, volez, vous irez au gibet . . . . Vb:

Vous — vou.

Vous * n'écoutez d'avis que ceux qui sont les vôtres . . . . Pn:

Vous a-t-on fait plaisir ? il en faut faire aux autres . . . . Pn:

Y — i.

Y * pense-t-on, aux gens accablés de malheurs ? . . . . Pn

---

* *Vous*. Ce premier homographe est le sujet du verbe Ecouter, et il influe en conséquence sur l'orthographe du temps simple, qui est le mot *écoutez*.

Au contraire, le second *vous*, régi par la préposition *à* sous-entendue, ne commande en nulle façon le nombre du verbe.

* *Y*. Le premier mot *Y* représente un pronom relatif ; il veut dire *à eux* ; son orthographe, invariable pour l'œil, varie pour l'entendement.

Y va-t-on, sans péril, au faîte des grandeurs? . . . . *Ad*.

Z.

Zénon.

Zénon, grand philosophe, est un modèle à suivre . . . . *Nm*.

Zénon *, affreux tyran, fut indigne de vivre . . . . *Nm*.

Zeste — Zèste.

Zeste est la pellicule au milieu d'une noix . . . . *Nm*.

Zeste, Nina s'enfuit et rit en tapinois . . . . *In*

Zoïle.

Zoïle, le rhéteur, se dit fléau d'Homère . . . . *Nm*.

Zoïle est l'envieux à qui nul ne sait plaire . . . . *A2*.

---

* *Zénon*. Cet empereur établit le tribut infâme, nommé *Chrysargyrum*, qui s'étendoit sur les femmes prostituées et les mendians; il mit aussi un impôt sur chaque cheval, sur les bœufs, les moutons, sur les ânes et les chiens.

SUPPLEMENT.

VERS HOMONYMES.

Amadou sec prend bien, si le briquet est bon . . . . *Nm.*
Amadoue et fléchis ce méchant Harpagon . . . . *Vb.*

b.halon — hâlon

Chaalons-sur-Saône est près de Beaune et du bon vin . . . . *Nm.*
Châlons-sur-Marne t'offre un superbe jardin . . . . *Nm.*

Délie — déli.

Délie un peu ta bourse, et fais enfin l'aumône . . . . *Vb.*
Délies, jours consacrés au beau fils de Latone . . . . *Nf.*
Délit d'un grand coupable est ignoré des lois . . . . *Nm.*
Délhy, sur la Gemma, vit Porus autrefois . . . . *Nm.*
Délitz, près de Leipsick, est entouré de bois . . . . *Nm.*

Institue.

Institue une fête avec de nouveaux jeux . . . . *Vb*

Institut de Paris a des savans fameux.................. *Nm.*

VERS HOMOGRAPHES.

Asperge — aspèrge.

Asperge, bon légume, au printemps croît très-vite....... *Nf.*

Asperge le chrétien avec de l'eau bénite.................. *Vb.*

Berne — bèrne.

Berne-t-on donc les gens avec tant d'impudence?............ *Vb.*

Berne, aux treize cantons, est au sud de Constance....... *Nf.*

Chaton.

Chaton, petit minet, s'en va toujours sautant............ *Nm.*

Chaton de quelque bague est-il sans diamant?............ *Nm.*

Chaton se dit du vert d'une noix ou d'un gland............ *Nm.*

Chef — chèf.

Chef du grand Frédéric est ceint de deux lauriers......... *Nm.*

Chef de brigands se dit comme chef des guerriers....... *Nm.*

Choc — choke.

Choc d'un corps est terrible au combat qui se livre.......... *Nm.*

Choc de mon chapelier est un outil de cuivre................ *Nm.*

Chose — choze.

Chose, en mille façons, se dit à chaque instant............ *Nf.*

Chose est tout ce que Dieu fit sortir du néant............ *Nf.*

Chose publique importe au chef qui la gouverne.......... *Nf.*

Chose vaine, ou bibus, est une baliverne................ *Nf.*

Chose, ou bien quelque chose est venu de Corbeil.......... *Nm.*

Chose faite, à quoi bon nous demander conseil?........ *Nf.*

Chose est bien tour-à-tour, mal, peu, beaucoup ou rien... *Nf.*

Chose * que tu connais, c'est un drôle, un vaurien....... *Nm.*

Gaufre — gófre.

Gaufre, imprime des fleurs sur la toile d'Orange.......... *Vb.*

---

* *Chose*. En parlant des personnes, le mot *chose* est trivial et du bas comique.

Gaufre bien croustilleuse est un gâteau qu'on mange..... *Nf.*

Grand — gran.

Grand de taille est souvent bien petit en vertus........... *A2.*

Grand-homme c'est Socrate, Antonin ou Titus........... *Nm.*

Journal.

Journal que chacun lit, instruit en amusant............ *Nm.*

Journal de terre avait environ un arpent............... *Nm.*

Peignez — pégné.

Peignez-nous en tableau Bayard avec Saint-Preux........ *Vb.*

Peignez dans vos écrits ce qui rend l'homme heureux....... *Vb:*

Peignez donc cet enfant, démêlez ses cheveux............ *Vb:*

Plaisir — plezîr.

Plaisir qui vient de l'ame est toujours le plus doux....... *Nm.*

Plaisir que vous croquez, j'en ai six pour trois sous....... *Nm.*

FIN.

LOCUTIONS

FRÉQUENTES,

Dont il importe de connaître la différence, pour éviter des contre-sens et des barbarismes.

Abandonner — délaisser.

Le verbe *Abandonner* se dit également des choses et des personnes ; mais *délaisser* ne s'emploie qu'en parlant des personnes.

EXEMPLE:

Cet ambitieux n'a pas *abandonné* son projet insensé, mais il a *délaissé* ses plus fidèles amis.

Avoir coutume — avoir accoutumé.

Avoir coutume est une locution qui est relative aux personnes, mais *avoir accoutumé* se dit en parlant des choses.

EXEMPLE:

Cet homme *avait coutume* de venir tous les jours.

Ce phénomène *avait accoutumé* de paraître en hiver.

Aider à quelqu'un — aider quelqu'un.

En parlant d'une personne qui est tombée ou qui se trouve trop chargée, on dit bien : *Aidez* donc à cet homme ; mais du reste on dit : *Aidez* vos amis, aidez les malheureux.

Tomber par terre — tomber à terre.

Tomber *par* terre, fait entendre qu'une personne ou qu'une chose touchait le sol ; mais si elle en était séparée par un intervalle quelconque, alors on fait usage de la préposition *à*.

EXEMPLE:

L'enfant marchait à cloche-pied sur le parquet, et il s'est laissé tomber *par* terre.

La nourrice en jouant avec son nourrisson, l'a malheureusement laissé tomber *à* terre.

Commander quelqu'un — à quelqu'un.

Quand il s'agit du militaire, on dit : Commander *un* corps d'armée, commander *un* bataillon, etc., etc. ; mais d'ailleurs on commande *à* quelqu'un de faire telle ou telle chose.

N. B. On dit bien cependant : Avez-vous commandé les souliers, l'habit, les petits pâtés? mais, dans ce cas, on sous-entend le mot *faire*.

Châtier — punir.

On *châtie* seulement pour une faute qui

n'est point grave, mais on *punit* un malfaiteur pour un crime.

EXEMPLE:

Châtié d'abord pour ses mensonges, il fut *puni* bientôt après de ses vols.

Etudier — apprendre.

Il faut *étudier* la chose que l'on ne sait pas encore; mais on *apprend* celle que l'on sait déjà un peu.

EXEMPLE:

La petite-fille *étudia* hier sa leçon, et elle l'*apprit* en moins d'un quart d'heure.

Hier je lus — aujourd'hui j'ai lu.

Lorsque le temps d'une action est tout-à-fait écoulé, on emploie également le prétérit défini et l'indéfini; mais si le temps n'est pas écoulé encore, c'est une faute d'employer le prétérit défini.

EXEMPLE:

Je lus ou *j'ai lu* hier un livre bien amusant.

N. B. On ne saurait dire *je lus* aujourd'hui, mais *j'ai lu* aujourd'hui un livre bien amusant.

Ignorant — âne.

L'*ignorant* ne sait point, faute d'avoir appris; mais l'*âne* ne saurait rien retenir, et s'entend d'un sot.

EXEMPLE:

Les villageois sont souvent très-*ignorans*, mais aussi il y a bien des *ânes* dans nos villes.

Lier — attacher.

On *lie* les membres de quelqu'un, mais on *attache* son corps entier.

EXEMPLE:

On *lia* les pieds et les mains de ce criminel, puis on l'*attacha* à un poteau.

Il a été dîner — il est allé dîner.

Il a été dîner, donne à entendre que la personne est de retour; mais *il est allé* dîner, fait sentir que la personne n'est pas de retour.

Il a sorti — il est sorti.

La première locution *il a sorti*, fait entendre que la personne est de retour; et la seconde, *il est sorti*, exprime son absence.

EXEMPLE:

Monsieur *a sorti* ce matin, mais il n'a pas tardé à rentrer.

Monsieur *est sorti*, et je crois qu'il dîne dehors.

Académicien — académiste.

L'*académicien* est un homme de lettres qui exerce les facultés de son esprit; mais l'*académiste* saute, monte à cheval, et n'exerce que son corps.

Grand-homme — homme grand.

Le *grand-homme* s'oublie lui-même pour faire le bien de l'humanité.

L'*homme grand* a cinq pieds dix pouces.

Furieuse bête — bête furieuse.

Une *furieuse bête* est très-grosse et d'une corpulence extraordinaire.

La *bête furieuse* est comme l'ambitieux ; elle immole tout et déchire sans pitié ceux qui s'opposent à son passage.

Pauvre homme — homme pauvre.

Un *pauvre homme* est celui qui est borné, et qui manque de moyens intellectuels.

L'*homme pauvre*, c'est celui qui a peu d'argent et que tout abandonne.

Galant homme — homme galant.

Le *galant homme* est franc, loyal, et n'a point d'arrière-pensée.

L'*homme galant* fait sa cour aux belles.

Vilain homme — homme vilain.

Le *vilain homme* est insupportable, et souvent méprisable.

L'*homme vilain*, c'est un ladre, un pince-maille qui aime beaucoup à recevoir et à ne rien donner.

Vrai — véritable.

L'adjectif *vrai* s'emploie particulièrement avec le verbe, quand il est seul ; et *véritable* s'ajoute bien avec le substantif.

EXEMPLE:

Ce que l'on dit n'est pas toujours *vrai*, et ce que l'histoire nous transmet n'est pas toujours *véritable*.

Homme perdu — femme perdue.

L'*homme perdu* sans ressource est celui qui est ruiné de fond en comble, ou sous la puissance d'un rival ambitieux et scélérat.

La *femme perdue* est celle qui a vendu son honneur.

Malhonnête femme — femme malhonnête.

La *malhonnête femme* manque de probité.

La *femme malhonnête* est grossière ou sans mœurs.

Au travers du — à travers le.

Le sens de la préposition *au travers* DU, fait entendre que l'on a pénétré au milieu d'un corps dont les parties forment un tout, lié ensemble.

A travers LES, exprime au contraire un assemblage de choses non liées ensemble, comme les blés, les bois, etc.

EXEMPLE:

Il passa *à travers* LES blés, joignit le voleur, et lui passa son sabre *au travers* DU corps.

Derrière, par-derrière — devant, par-devant.

Les prépositions *derrière* et *devant*, s'emploient plus particulièrement quand on n'exprime point de mouvement ; et c'est le contraire pour les prépositions *par-derrière*, *par-devant*.

EXEMPLE:

Il demeure *derrière* le moulin ; il se tient toujours *devant* sa maison.

Il passa *par-derrière* le moulin ; il vit le loup et l'attaqua *par-devant.*

Dans — sur — sous.

Dedans — dessus — dessous.

Les trois premières prépositions *dans*, *sur* et *sous*, diffèrent des trois suivantes, en ce qu'elles commandent expressément après elles un nom exprimé et non sous-entendu.

Au contraire, les trois prépositions suivantes, *dedans*, *dessus*, *dessous*, peuvent se répondre seules, parce que l'on sous-entend leur régime.

EXEMPLE:

Est-il	*dans*	la chambre ?
Il est	DEDANS	. . . .
Est-il	*sur*	le toit ?
Il est	DESSUS	. . . . .
Est-il	*sous*	la table ?
Il est	DESSOUS	. . . . .

Prêt à — près de.

L'adjectif *prêt*, qui veut dire *dire disposé à*, demande la préposition *à*.

Mais le mot *près*, qui veut dire *sur le point*, doit être suivi de la particule *de*.

EXEMPLE:

Qui n'aimerait, qui ne chérirait un homme toujours prêt *à* obliger et à rendre service ?

Plus l'ambitieux est élevé, plus il est près *de* sa chute.

EXPRESSIONS *triviales, impropres, et barbarismes que les enfans répètent souvent d'après les personnes privées d'éducation.*

Un exemple vaut mieux que mille commentaires.

A

Un carreau . . . . *d'aigledon;*
Dites . . . . d'édredon.

Il faudrait que tu . . . . . *ailles;*
Dites que tu . . . . allasses.

Un grand ruisseau à . . . *ajamber;*
Dites . . . . enjamber.

Il boit du vin . . . . *d'Alicant;*
Dites . . . . d'Alicante.

On voit les files et les . . . *altères;*
Dites les fibres et les . . . artères.

La bonne . . . . *amadou;*
Dites le bon . . . . amadou.

Son cheval va . . . . *l'ambe;*
Dites . . . . l'amble.

J'ai gagné un . . . . *ambre;*
Dites un . . . . ambe.

J'irais plutôt aux . . . . . *antipotes ;*
Dites aux . . . . antipodes.

Cette jeunesse est une . . . *apprentisse ;*
Dites une . . . . apprentie.

Il est *après* . . . . *à lire ;*
Dites . . . . il lit.

On lui coupera l' . . . . . *argot ;*
Dites l' . . . . ergot.

Boucle sans . . . . *arguillon ;*
Dites . . . . ardillon.

Prêtez-moi l' . . . . *armana ;*
Dites l' . . . . almanach.

J'irai sûrement . . . . . . *auparavant toi ;*
Dites . . . . avant toi.

C'est . . . . *avan zièr ;*
Dites c'était . . . . avant hier.

Répondez-moi donc ! . . . *avous fait ?*
Dites . . . . avez-vous fait ?

B

C'est la rue qu'il faut . . . *balïé ;*
Dites . . . . balayer.

Voyez un peu le . . . . . *baromette ;*
Dites . . . . baromètre.

Des moutons et des . . . *Bœufes ;*
Dites sans *f* (eux) . . . . . bœufs.

Le gobelet est tout . . . . *bosselé ;*
Dites . . . . bossué.

L'enfant mange la . . . . . *boulie ;*
Dites la . . . . bouillie.

Je crois qu'il . . . . *brouillasse ;*
Dites. . . . . bruine.

C

Bons dieux quelle . . . . . *cacafonie !*
Dites . . . . cacophonie.

Il met un. . . . . *caneçon ;*
Dites . . . . caleçon.

Il mange dans la . . . . . . *casterolle ;*
Dites . . . . casserole.

Il est sur son . . . . *céans ;*
Ecrivez . . . . séant.

Faites frire les . . . . *cercifis ;*
Dites . . . . salsifis.

Voici ce que dit . . . . . . *un chacun ;*
Dites : voici ce que . . . . chacun dit.

Ils firent . . . . *chacun* | SON) *devoir*) ;
Dites : ils firent chacun | *leur*) * devoir).

---

* *Chacun* LEUR *devoir*. On emploie le pronom *leur* quand le mot *chacun* est placé avant le *régime* du verbe.

Au contraire, on met *son*, *sa*, *ses*, lorsque le mot *chacun* est après le *régime*.

Mais si le verbe est sans *régime*, alors on a le choix des pronoms *leur* ou *son*.

Nous marquons d'une demi-parenthèse) le *régime* du verbe, et son *sujet* a une ligne droite |, ainsi que dans notre *grammaire notée*. Rien n'est plus frappant et plus propre à faire comprendre les idées métaphysiques de la *syntaxe*.

Ils se) réfugièrent *chacun*] *dans* LEUR *camp* ;
Dites : ils *se*) réfugièrent chacun] dans *son* camp.

Ils opinèrent chacun . . . *selon leurs intérêts* ;
Ou bien : ils opinèrent chacun selon *ses* intérêts.

Autrefois on disait un . . *chaircutier* ;
Aujourd'hui on *dit* : . . . charcutier.

Prenez une . . . . *chaufrette* :
Dites et prononcez . . . . chau-fe-rette.

Voilà des . . . . *clou-à-porte* ;
Dites . . . . cloportes.

L'archet a besoin de . . . *colafane* ;
Dites . . . . colophane.

Allez au fond du . . . . . *colidor* ;
Dites . . . . corridor.

Voilà un gros . . . . *colimaçon* ;
Dites . . . . limaçon.

Il m'a dit . . . . *comme ça*...
Dites . . . . il m'a dit que...

Ah ! quelle . . . . *corporance* !
Dites . . . . corpulence.

Apportez-moi des . . . . . *coupeaux* ;
Dites . . . . copeaux.

Voilà la chemise que vous *couserez* ;
Dites : vous . . . . coudrez.

Il a fallu qu'elle . . . . . . *cousut* ;
Dites : qu'elle . . . . . . cousît.

Mettez le . . . . *couvèque* ;
Dites . . . . couvercle.

Prenez la . . . . *cramaillère*;
Dites la . . . . crémaillère.

Mangez du . . . . *cresson alanois* ;
Dites . . . . cresson alénois.

Donnez-lui un . . . . . . *cristère* ;
Dites . . . . clystère.

D

Il ne lit jamais . . . . . . *des* bons livres;
Dites de . . . . *bons* livres.

Il faut . . . . *descendre en bas* ;
Dites . . . . aller en bas.

On ne le cherchait pas . *dedans la cave*;
Dites . . . . dans la cave;
et il était . . . . dedans.

On ne le croyait pas . . *dessus le lit* ;
Dites . . . . sur le lit ;
et il était . . . . dessus . . .

Ah ! le gourmand ! . . . *donne-moi zan.*
Dites . . . . donne-m'en.

Repose-toi . . . . *dors* un bon somme.
Dites . . . . *fais* un bon somme.

Il boit . . . . *du* bon vin ;
Dites . . . . *de* bon vin.

E

J'ai dans le doigt une . . *écharpe* ;
Dites. . . . . écharde.

Voilà une vilaine . . . . *échafourée ;*
Dites . . . . échauffourée.

Ah ! le coquin ! je l' . . . *échignerais !*
Dites . . . . échinérais !

Ah ! voilà l' . . . . . . *empé-reur !*
Dites, sans accent, l' . empereur.

Il ne parle qu'avec . . . . *emphrase ;*
Dites . . . . emphase.

Quant au feu . . . . *enterrez-le ;*
Dites . . . . couvrez-le.

En louant, donnez des . *errhes ;*
Dites des . . . . arrhes.

Mangeons de l' . . . . . *escarolle ;*
Dites de la . . . . scarole.

C'est une vilaine . . . . *esclande ;*
Dites un vilain . . . . . esclandre.

Il a reçu un coup d' . . . *espadron ;*
Dites . . . . espadon.

On lui fait, ma foi, une *estatue !*
Dites . . . . statue.

Ah ! la belle . . . . *éventail !*
Dites le bel . . . . éventail.

La cheminée a une . . . *éventouse ;*
Dites . . . . ventouse.

F

Ah ! le vilain . . . . . . *faignan !*
Dites . . . . fainéant.

Il faut que nous. . . . . . . *faisions ;*
Dites . . . . fassions.

Elle a des . . . . *falbana ;*
Dites . . . . falbalas.

Ouvrage à . . . . *filagrame ;*
Dites. . . . . filigrane.

Voilà mon . . . . *fillot ;*
Dites . . . . filleul.

Et je vous dirai . . . . *finalement ;*
Dites : enfin, ... en un mot.

Il va à la bonne . . . . *flanquette ;*
Dites . . . . franquette.

Une tourte de . . . . *franchipane ;*
Dites . . . . frangipane.

Ils font . . . . *fricot ;*
Dites . . . . bonne chère.

Donnez-moi du . . . . *fricot ;*
Dites de la . . . . fricassée.

Mets le fruit dans la . . . . . *fruitière ;*
Dites . . . . fruiterie.

C'est une vilaine . . . . *fumelle ;*
Dites . . . . femelle.

Nous . . . . *fûmes promener ;*
Dites : nous . . . . allâmes, etc.

G

Prêtez-moi votre . . . . *ganif ;*
Dites . . . . canif.

Prenez la . . . . *gaïotte ;*
Dites . . . . galiote.

C'est une grande . . . . *géanne ;*
Dites : c'est une . . . . . . géante.

Otez le foie et le . . . . *gigiez ;*
Dites . . . . gésier.

C'est un . . . . *glaire* d'œuf ;
Dites au féminin, une . . . glaire, etc.

Ah ! quel . . . . *gouilliafe !*
Dites . . . . gouliafre.

Apprends-tu la . . . . *gran mère ?*
Dites, ... grammaire.

Il a le visage tout . . . . . . *grélé ;*
Dites tout . . . . marqué
(de petite-vérole).

Entrez donc dans la . . . . . *grode ;*
Dites . . . . grote.

Un chien de bonne . . . . . . *guètte ;*
Dites de bon . . . . guet.

Un beau . . . . *groseiller ;*
Dites et écrivez . . . . groseillier.

H

Je n'entends pas, ... *hèin !*
Dites . . . . plaît-il.

Montez vîte en . . . . *haut.*
Dites allez vîte en . . . . . haut.

Il a un habit d' . . . . *hazard ;*
Dites de . . . . hasard.

C'est un. . . . . *hustuberlu ;*
Dites . . . . hurluberlu.

I

Madame a une . . . . *indigécion ;*
Dites. . . . . indigestion.

J

Il faudrait que tu . . . . *ailles ;*
Dites : que tu . . . . allasses.

Regardez donc le . . . . *jeu* d'eau.
Dites . . . . jet-d'eau.

Pension de . . . . *jeunes personnes du sexe.* *
Dites de . . . . jeunes personnes.

L

Voici de . . . . *bonnes légumes.*
Dites de . . . . bons légumes.

Il pleuvra, le chat se . . . . *liche ;*
Dites se . . . . lèche.

Jetez l'eau dans le . . . . . . *lévier ;*
Dites dans l' . . . . évier.

Ah ! j'ai le . . . . *loquet ;*
Dites : le . . . . hoquet.

Allumez la . . . . *lumière ;*
Dites : la . . . . chandelle.

M

Mangez de la . . . . *marmalade ;*
Dites . . . . marmelade.

Allons . . . . *met-toi-zi ;*
Dites. . . . . mets-t'y.

---

* Ce pléonasme se trouve dans plusieurs prospectus.

Prenez un peu d'eau de . . . *milice*;
Dites. . . . . mélisse.

Les dents œillères et . . . . *mercières*;
Dites . . . . machelières.

J'irai au . . . . *Missipipi*;
Dites . . . . Mississipi.

Mettez sur la cheminée une . *mitte*;
Dites . . . . mître.

J'ai attrapé un . . . . *moigneau*;
Dites . . . . moineau.

L'oiseau a-t-il du . . . . *moiron?*
Dites . . . . mouron.

Je te donnerai une . . . . . . *mornife*;
Dites . . . . mornifle.

On devrait dire : une . . . . *mulâtresse*;
Et l'on dit : une . . . . mulâtre.

N

On y voit le nain et la . . . . *naine*;
Dites . . . . nine.

Mangez des . . . . *nantilles*;
Dites . . . . lentilles.

Il aime les . . . . *nèfes*;
Dites . . . . nèfles.

J'ai des bas . . . . *neufes*;
Dites (neux) des bas . . . . . neufs.

Il a *cueillé* de la . . . . *noble épine*;
Dites cueilli de l' . . . . . . aube-épine.

O

Voulez-vous des . . . . *œuses ?*
Dites sans *f* (eux) des . . . œufs.

Jouons aux . . . . *onchets ;*
Dites. . . . . jonchets.

Arrête un peu ; . . . . *ous que tu vas ?*
Dites . . . . où vas-tu ?

Le traversin et l' . . . . *orïèr ;*
Dites . . . . oreiller.

P

Donnez moi un . . . . *pain enchanté ;*
Dites . . . . à chanter.

Du bois de . . . . *palissante ;*
Dites . . . . palixandre.

C'est une rue bien . . . . . . *passagère ;*
Dites . . . . passante.

C'est une . . . . *pauvresse ;*
Dites . . . . , . . pauvre femme.

Des moyens . . . . *pécuniers ;*
Dites . . . . pécuniaires.

Donnez-moi un . . . . *pied-taterre ;*
Dites un . . . . pied-à-terre.

Du pourpier et de la . . . . . *pimpernelle ;*
Dites . . . . pimprenelle.

Venez voir . . . . *porichinel ;*
Dites . . . . polichinel.

Ah ! quel gros . . . . *poturon ;*
Dites . . . . potiron.

C'est un vieux . . . . *poumonique ;*
Dites . . . . pulmonique.

Il était . . . . *prêt à tomber ;*
Dites . . . . près de tomber.

Q

Est-il bien tard ? . . *quelle heure qu'il est ?*
Dites . . . . quelle heure est-il ?

R

Qui commence doit. . . . . . *rachever ;*
Dites . . . . achever.

Cela se . . . . *raretisse ;*
Dites : se . . . . rappetisse.

Quel air . . . . *rébarbaratif !*
Dites . . . . rebarbatif.

Il va à la . . . . *rebours ;*
Dites . . . . à rebours.

J'ai toujours des . . . . *rebifades ;*
Dites. . . . . rebuffades.

C'est le bien que je dois . . . *recouvrir ;*
Dites . . . . recouvrer.

C'est un chaudron à . . . . . *récurer ;*
Dites . . . . écurer.

Ah ! la bonne . . . . *rimolade !*
Dites . . . . rémolade.

S

Cet enfant . . . . *saigne au nez ;*
Dites . . . . saigne du nez.

Parlez au . . . . *sentinelle* ;
Dites à la . . . . sentinelle.

Mettez l'eau dans la . . . . . *siau* ;
Dites . . . . seau.

Mettez-y votre . . . . *signe* ;
Dites . . . . seing.

Parlez au . . . . *sommeiller* ;
Dites . . . . sommelier.

C'est un . . . . *sorcilége* ;
Dites . . . . sortilége.

Je crois qu'ils ne s'en . . . . . *soucissent pas* ;
Dites . . . . soucient pas.

Il va en . . . . *souguenille* ;
Dites . . . . souquenille.

T

S'il y va . . . . *tant pire* ;
Dites . . . . tant-pis.

Mettre une. . . . . *tête d'oryé* ;
Dites . . . . taie d'oreiller.

Il fait . . . . *tirer son portrait* ;
Dites . . . . faire ou peindre.

Il perd la . . . . *tramontade* ;
Dites . . . . tramontane.

Arrangez le . . . . *tripied* ;
Dites. . . . . trépiéd.

Arrachez-en une . . . . *tuffe* ;
Dites . . . . touff .

Je lui dis une fois pour . . . *tout*;
Dites une fois pour . . . . . . toute.

Il joue avec un . . . . *tonton*.
Dites . . . . *toton*.

V

Mangez-vous du . . . . *vermicel*;
Dites . . . . vermichel.

Que de démarches et de . . . . *vilevousses!*
Dites . . . . virevousses.

Allons, ... *voyons-voir*;
Dites . . . . voyons un peu.

Messieurs. . . . . *voyez-voir*;
Dites . . . . venez voir.

Y

On n'a plus rien pour un . . *yard*;
Dites un . . . . liard.

Z

Il vend des . . . . *zannetons*;
Dites des . . . . hannetons.

Voulez-vous des . . . . *zaricots?*
Dites des . . . . haricots.

Il connaît les . . . . *zèdes*;
Dites les . . . . êtres.

NOMS *particulièrement consacrés pour désigner différentes parties de plusieurs animaux.*

Hure.

Quand il s'agit de la tête entière, on dit : la HURE d'un *sanglier*, d'un *saumon*, d'un *brochet.*

Groïn — mufle — museau.

Quant à la partie de la tête, qui comprend la *gueule* et le *nez*, dites le GROÏN d'un *cochon*; le *mufle* d'un *cerf*, d'un *lion*, d'un *bœuf*, et le *museau* d'un *chien*.

Gueule — bouche.

Dites la GUEULE d'un *chien*, d'un *chat*, d'un *bœuf*, d'un *lion*, d'un *loup*, d'un *brochet*, d'une *carpe*.

Dites la BOUCHE d'un *cheval*, d'un *âne*, d'un *éléphant*.

Patte — pied.

On dit la PATTE d'un *chien*, d'un *chat*, d'un *singe*, d'un *lapin*, d'un *ours*, d'une *poule*, d'une *araignée* et d'une *mouche*.

Mais on dit le PIED d'un *bœuf*, d'un *cheval*, d'un *âne*, d'un *mouton*, d'une *chèvre*, et des autres animaux qui ont de la corne aux pieds.

Ongles — serres.

Dites les ONGLES d'un *lion*, les SERRES d'un *vautour*, d'un *aigle;* les GRIFFES d'un *chat*, d'un *tigre*, et les MAINS d'un *épervier.*

Différens cris des animaux.

Le cheval . . . . *hennit.*
L'âne . . . . *brait.*
Le bœuf . . . . *beugle.*
Le taureau . . . . *mugit.*
Le bufle . . . . *souffle.*
Le mouton . . . . *bêle.*
Le cochon . . . . *grogne.*
Le cerf . . . . *brâme.*
Le chevreuil. . . . . *ralle.*
L'éléphant . . . . *barrèye.*
Le lion . . . . *rugit.*
L'ours . . . . *gronde.*
Le sanglier . . . . *grommelle.*
Le chien . . . . *aboie.*
Le renard . . . . *jappe.*
Le chat . . . . *miaule.*
Le lapin . . . . *clapit.*
La souris . . . . *crie.*
La cigogne . . . . *claquette.*
L'aigle . . . . *trompette.*
La colombe . . . . *roucoule.*
Le pigeon . . . . *caracoule.*
La tourterelle . . . . *gémit.*
Le perroquet . . . . *parle.*
Le geai . . . . *cageole.*
La chouette . . . . *hue.*

Le rossignol . . . . *chante.*
Le pinson et la mésange . . . *ramagent.*
Le serpent et le merle . . . . *sifflent.*
La pie . . . . *jacasse.*
Le coq . . . . *coquerique.*
La poule *caquette* et . . . . . *glousse.*
Le poulet . . . . *piaule.*
Le canard . . . . *nazille.*
Le dindon . . . . *glougloute.*
Le paon . . . . *braille.*
Le moineau. . . . . *pépie.*
La caille . . . . *margotte.*
La perdrix . . . . *carabe.*
L'hirondelle . . . . *gazouille.*
L'alouette . . . . *tirlire.*
Le corbeau . . . . *croasse.*
La corneille . . . . *corbine.*
La mouche . . . . *bourdonne.*
La cigale . . . . *craquette.*
La grenouille . . . . *coasse.*
Le crocodile . . . . *lamente.*

PRINCIPES

Nécessaires pour étudier soi-même l'Orthographe Française.

Orthographe de principe.

L'orthographe de *principe* est un raisonnement qui enseigne à appliquer à propos les *lettres* finales qui distinguent les *genres* et les *nombres*.

Orthographe d'usage.

L'orthographe d'*usage* est une simple imitation, qui consiste à copier exactement les mots dans leur totalité, et tels qu'ils sont imprimés dans les bons Vocabulaires.

Définition du Verbe.

Le *verbe* est une partie du discours qui exprime un *mouvement* ou bien un *état*, c'est-à-dire, une manière d'être quelconque.

EXEMPLE:

On CHERCHE *des amis et non pas l'amitié.*
Un ami sans argent FERAIT *honte ou pitié.*

N. B. Le mot *cherche* du premier exemple, est un verbe qui désigne le *mouvement* ou l'*action* de CHERCHER ; et le mot *ferait* du second exemple exprime un *état* ou la manière d'être.

Sujet ou nominatif du Verbe.

Le *sujet* ou *nominatif* du verbe est le nom de la *personne* ou de la *chose*, dont le verbe exprime un *mouvement* ou un état quelconque.

Objet ou accusatif du Verbe.

L'*objet* ou l'*accusatif* est le nom de la *personne* ou de la *chose*, qui comprend et spécifie le *mouvement* ou l'*état* du sujet du verbe.

Définition plus sensible du sujet.

Le *sujet* ou le *nominatif* est le mot qui doit précéder le verbe, et qui en gouverne les temps simples, soit au singulier, soit au pluriel.

EXEMPLE:

Le SAVANT *doute, cherche, et l'*IGNORANT *sait tout.*

N. B. Les trois verbes *Doute*, *Cherche* et *Sait*, sont ici au nombre singulier, parce que leur sujet (savant, ignorant) est au singulier, et qu'il les gouverne à ce nombre.

Définition plus sensible de l'objet.

L'*objet* ou l'*accusatif* est le mot qu'on peut répondre après le verbe ; et qui en complète le sens.

EXEMPLE :

La clémence toujours forma LES VRAIS HÉROS.

N. B. Les mots *vrais héros* peuvent et doivent se répondre ici après le verbe *forma*, dont ils complètent le sens : donc ils en sont les *objets*.

Moyens clairs de faire ressortir les SUJETS *et les* OBJETS *d'une phrase.*

INTERROGATIONS POUR CONNAÎTRE LE SUJET.

La réponse aux *interrogations* suivantes, placées avant le verbe, en donnent infailliblement le *sujet* ou le *nominatif*.

INTERROG. *Quel est celui ou celle qui ?...* et *quelle est, ou quelles sont les choses qui?*

EXEMPLE :

TOUT HONNÊTE *homme est franc ; qui dit fin dit fripon.*

Demande. Quel est celui qui est franc?
Réponse. Tout honnête homme.

Interrogation pour l'objet.

La réponse à *qui*, *quoi* ou *comment*, placé immédiatement après le verbe, en donne toujours l'*objet* quand il en a un.

EXEMPLE:

Rendez L'HOMME *plus sage, il sera plus heureux.*

Demande. (Rendez) — *Qui* ?
Réponse. . . . . — L'homme.
Demande. (il sera) — Comment ?
Réponse. . . . . — Plus heureux.

N. B. J'ose affirmer que ces deux modes d'interrogations valent seuls une grammaire.

SIGNES

Des parties du discours dont les Homonymes et les Homographes sont composés.

1°.	*Nom masculin* / *Nom féminin*	d'un seul nre .	*Nm.* / *Nf.*
2°.	*Article.*		*Ar.*
3°.	*Adjectif* (a deux genres).		*A2.*
4°.	*Pronom* (a deux genres).		*Pn.*
5°.	*Verbe.*		*Vb.*
6°.	*Participe invariable est sans point*		*Pe*
7°.	*Adverbe.*		*Ad*
8°.	*Préposition.*		*Pr*
9°.	*Conjonction.*		*Cn*
10°.	*Interjection.*		*In*
11.	*Mot invariable* *		*Être*
12°.	*Singulier.*		*Le.*
13°.	*Pluriel.*		*Les:*

---

* L'absence du *point* désigne les mots *invariables ;* c'est-à-dire, qui n'ont ni genre, ni nombre, tels que l'*infinitif* et le *participe présent* des verbes, l'*adverbe*, la *préposition*, la *conjonction* affirmative ou négative, et l'*interjection.*

Il y a encore un autre mot invariable, c'est le *participe* du *passé ;* mais il ne l'est qu'accidentellement.

SUITE DES SIGNES

Dont les parties du discours, etc.

N. B. On ajoute une *H* aux Homonymes qui sont composés,

1°.	*D'un nom masculin* }	*Hm.*
	ou d'un nom féminin }	*Hf.*
2°.	*D'un Article.*	*Har.*
3°.	*D'un Adjectif.*	*Ha.*
4°.	*D'un Pronom.*	*Hpn.*
5°.	*D'un Verbe.*	*Hv.*
6°.	*D'un Participe variable.*	*Hpe.*
7°.	*D'un Adverbe.*	*Had*
8°.	*D'une Préposition.*	*Hp*
9°.	*D'une Conjonction.*	*Hcn*
10°.	*D'une Interjection.*	*Hin*
11°.	*D'une lettre euphonique* *	*He*

---

* On appelle *lettre euphonique*, celle qui n'exprime aucune partie du discours, et qui ne s'emploie absolument que pour l'oreille.

Par exemple : L'on dit, a-*t*-on ? va-*t*-il ? aie-*s*-en. Les anciens grammairiens écrivaient il *at*, il *aurat* mais ils suivaient en cela l'étymologie latine ; *habet*, *habebit.*

ERRATA.

Le petit nombre de fautes qui peuvent nous être échappées sur les points marquant *les nombres*, sont faciles à corriger : mais il y a un vers dont le sens ne détermine point le nombre. Le voici. Au lieu de :

Sortent, vient de sortir d'une affreuse misère,
Dites, page 90,
Sortent-ils de Saint-Paul, qu'ils visitent Saint-Pierre.
Page 35, au lieu du mot *Autour*, lisez :
Au tour on peut tourner quelque bois de senteur. *Hm.*

Vers oubliés, page . . . . 267.

La Harpe.

La harpe qu'Emma pince a des sons enchanteurs . . . . *Hf.*
La Harpe et Legouvé sont de fameux auteurs. *Nm.*

L'empire — lanpire.

L'empire, ou bien l'aigrit, s'entend de quelque mal. . . . . *Hv.*
L'Empire des Français au monde est sans égal. *Hm.*

De l'Imp. de LE NORMANT, rue des Prêtres S. Germain-l'Auxerrois, n°. 42.

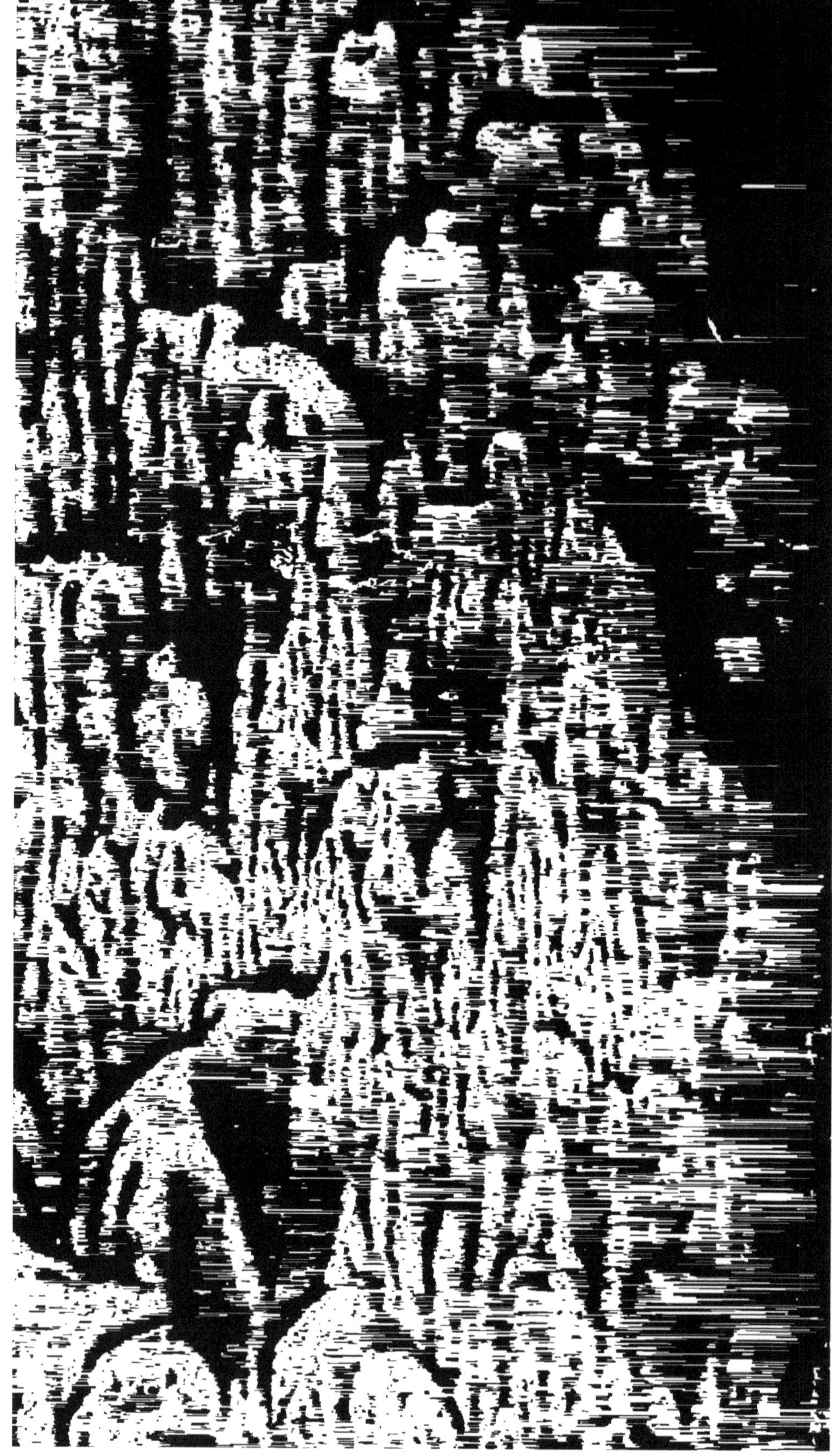

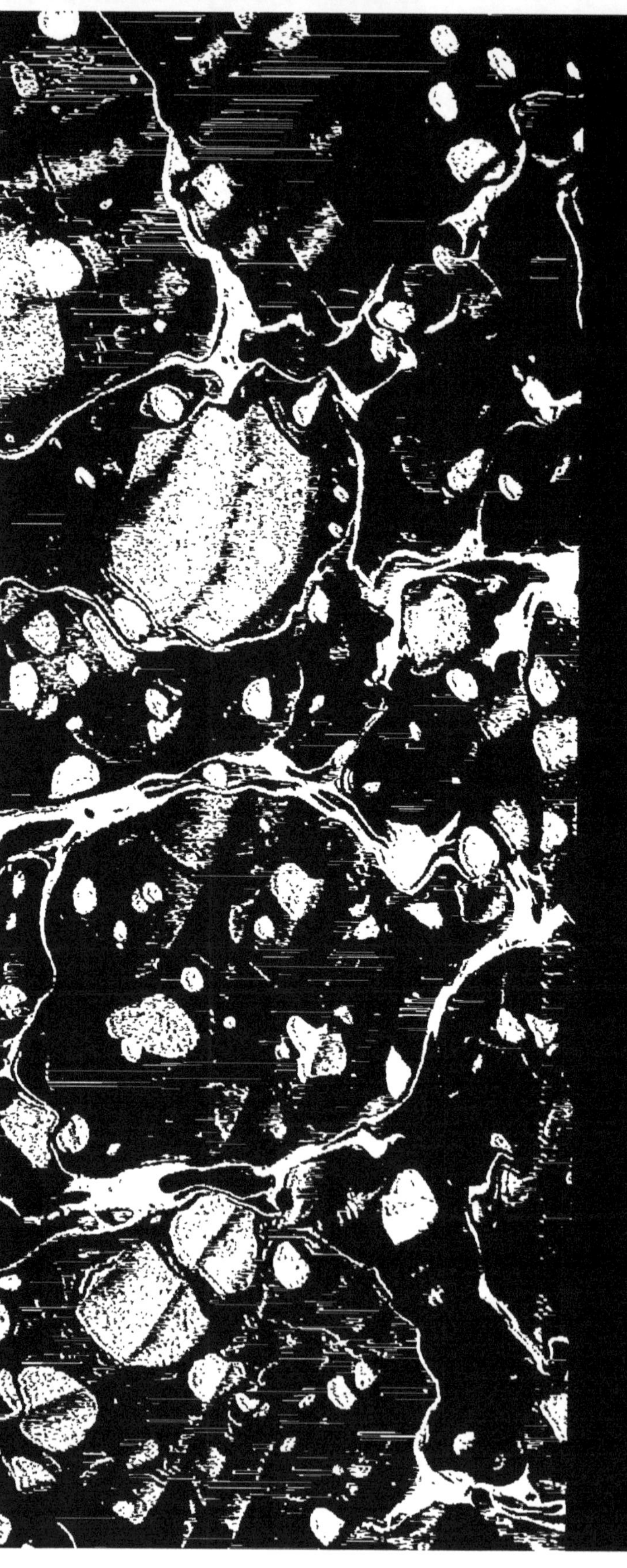

www.ingramcontent.com/pod-product-compliance
Ingram Content Group UK Ltd.
Pitfield, Milton Keynes, MK11 3LW, UK
UKHW020155250726
13967UKWH00003B/1082